120 RECETTES À PARTAGER

Recettes veggies pour débutants

SOLAR EDITIONS

TOUS EN CUISINE!

SOMMAIRE

HOUMOUS DE POIS CHICHES, POIVRON ET TABASCO

POUR 4 PERSONNES • PRÉPARATION : 20 MIN • CUISSON : 10 MIN

250 g de pois chiches cuits + 1 poivron rouge + 20 cl de pulpe de tomate
2 cuil. à soupe de tahin + 1 cuil. à café de sucre roux en poudre + ½ gousse d'ail épluchée
1 cuil. à soupe de Tabasco® (selon votre goût) + 1 pincée de paprika + 1 pincée de piment doux + Sel, poivre

❐ Enlevez les graines et les cloisons blanches du poivron, puis découpez-le en lamelles ; faites-les caraméliser à la poêle sur feu doux avec le sucre et le paprika pendant 10 minutes.

❐ Versez les pois chiches dans le bol d'un mixeur (ou un saladier, si vous utilisez un robot plongeant), ajoutez le tahin, la pulpe de tomate, l'ail, le Tabasco®, du sel, du poivre et mixez.

❐ Ajoutez les morceaux de poivron et mixez le tout jusqu'à obtenir une texture crémeuse. Goûtez et rectifiez l'assaisonnement si nécessaire.

❐ Servez dans un bol en saupoudrant de piment doux.

HOUMOUS DE LENTILLES CORAIL, CAROTTE ET CORIANDRE

POUR 4 PERSONNES • PRÉPARATION : 10 MIN • CUISSON : 15 MIN

200 g de lentilles corail cuites + 2 cuil. à soupe de tahin + 1 gousse d'ail épluchée
Le jus de 1 citron + 1 dizaine de feuilles de coriandre (ou 1 cuil. à café de coriandre en poudre) + quelques-unes pour le topping + 4 carottes + Sel, poivre

❐ Épluchez et découpez les carottes en morceaux puis faites-les cuire dans une casserole d'eau bouillante pendant 15 minutes.

❐ Versez les lentilles corail dans le bol d'un mixeur (ou un saladier si vous utilisez un robot plongeant), ajoutez le tahin, l'ail, le jus de citron, la coriandre, du sel et du poivre.

❐ Ajoutez les morceaux de carotte cuits et mixez le tout jusqu'à obtenir une texture crémeuse. Goûtez et rectifiez l'assaisonnement si nécessaire.

❐ Servez dans un bol en disposant quelques feuilles de coriandre par-dessus le houmous.

SALADE DE BETTERAVE, ORANGE ET GRAINES GERMÉES

POUR 4 PERSONNES • PRÉPARATION : 20 MIN • CUISSON : 30 MIN

2 betteraves de 400 g environ + 2 oranges + ½ grenade + 2 poignées de graines germées
Un mélange de petites graines (chanvre, courge, pavot, sésame...) + Huile de noix
Fleur de sel et poivre
Pour la vinaigrette : 1 cuil. à soupe de mélasse de grenade (ou de vinaigre balsamique)
2 cuil. à soupe d'huile de noix + Sel, poivre

❒ Pelez les betteraves et coupez-les en fines rondelles de 3 à 5 mm d'épaisseur. Déposez-les sur une feuille de papier sulfurisé. Arrosez d'un filet d'huile de noix, saupoudrez de sel et poivrez. Refermez soigneusement la papillote, puis enveloppez-la de papier aluminium. Enfournez pour 30 minutes. Laissez tiédir dans le four.

❒ Pelez à vif les oranges et taillez-les en fines rondelles. Prélevez les graines de grenade. Préparez la vinaigrette en mélangeant tous les ingrédients.

❒ Dans un plat de service, disposez harmonieusement les rondelles de betterave et d'orange. Répartissez dessus les graines germées et les graines de grenade, arrosez de vinaigrette et saupoudrez de petites graines.

PETITS FLANS ORANGE

POUR 4 FLANS • PRÉPARATION : 20 MIN • CUISSON : 50 MIN

500 g de courge (courge musquée ou potiron) + 20 cl de crème de soja + 2 œufs + 50 g de fromage râpé (emmental, comté, beaufort, parmesan...) + des copeaux pour le service Un mélange de graines pour le service + Sel, poivre + Beurre pour les ramequins

❒ Pelez et coupez la courge en morceaux pas trop gros. Faites-les cuire à la vapeur pendant 15 minutes, puis, à l'aide d'un robot plongeant, mixez-les avec la crème de soja afin d'obtenir une purée bien lisse.

❒ Préchauffez le four à 180 °C (th. 6). Beurrez 4 gros ramequins. Portez 1 l d'eau à ébullition.

❒ Dans un saladier, battez les œufs. Ajoutez la purée et le fromage râpé, salez, poivrez et mélangez. Répartissez dans les ramequins et disposez ceux-ci dans un grand plat à gratin pour une cuisson au bain-marie. Versez l'eau bouillante dans le plat et enfournez pour 35 minutes.

❒ Retirez du four, parsemez de petites graines et de copeaux de fromage, et servez chaud.

BÂTONNETS DE COURGETTES CROUSTILLANTS

POUR 4 PERSONNES • PRÉPARATION : 10 MIN • CUISSON : 10 MIN

2 courgettes moyennes + 2 œufs + 40 g de parmesan râpé + Une dizaine de feuilles de basilic ou autres herbes + 1 cuil. à soupe d'huile d'olive + 10 cl + 30 g de chapelure 30 g de farine + 1 pincée de piment d'Espelette + Sel, poivre

❒ Lavez, essuyez les courgettes et coupez-les en bâtonnets de 4 à 5 cm.

❒ Préparez une assiette à soupe contenant la farine. Dans une deuxième assiette à soupe, fouettez les œufs avec 1 cuillerée à soupe d'huile. Dans une troisième assiette, mélangez la chapelure, le parmesan, le piment d'Espelette, le sel et le poivre.

❒ Préparez un plat sur lequel vous disposerez des feuilles de papier absorbant. Farinez les courgettes, trempez-les dans l'œuf et roulez les bâtonnets dans la chapelure.

❒ Chauffez 10 cl d'huile d'olive dans la poêle, faites-y dorer les bâtonnets sur toutes les faces par 6 ou 7. Épongez l'excédent d'huile sur le papier absorbant. Dans le reste de l'huile, faites frire les feuilles de basilic.

❒ Servez immédiatement sur un plat, salez l'ensemble des bâtonnets, disposez les feuilles de basilic et dégustez avec les doigts !

PICKLES DE RADIS ROSES

POUR 1 BOCAL • PRÉPARATION : 10 MIN • CUISSON : 5 MIN
CONSERVATION : QUELQUES SEMAINES

1 botte de radis roses + 30 cl de vinaigre de vin blanc (ou de vinaigre de cidre ou de vinaigre de riz) + 3 cuil. à soupe de sucre de canne blond + 2 cuil. à café de sel + 1 cuil. à café de graines de moutarde + ½ cuil. à café de graines de coriandre + 1 feuille de laurier

❒ Dans une casserole, versez le vinaigre, le sucre et le sel, puis portez à ébullition. Poursuivez la cuisson à frémissement quelques minutes, le temps que le sucre fonde.

❒ Retirez les fanes et lavez soigneusement les radis.

❒ Dans un bocal stérilisé, déposez les radis, ajoutez les graines de moutarde et de coriandre ainsi que la feuille de laurier. Couvrez de vinaigre encore chaud et fermez le bocal. Laissez refroidir avant de placer au réfrigérateur.

TARTELETTES À LA TOMATE

POUR 4 PERSONNES • PRÉPARATION : 20 MIN • CUISSON : 15 MIN

250 g de pâte feuilletée + 2 tomates coupées en tranches fines + 4 cuil. à café de moutarde
1 cuil. à café d'huile d'olive + Poivre + Origan ou thym frais (facultatif)

❒ Préchauffez le four à 180 °C (th. 6).

❒ Déposez les tranches de tomate sur du papier absorbant.

❒ Garnissez des moules à tartelette de pâte. Badigeonnez le fond de chaque tartelette de moutarde.

❒ Déposez trois tranches de tomate sur la moutarde. Versez un filet d'huile d'olive par-dessus. Poivrez à votre goût.

❒ Enfournez pour 15 minutes environ. Vous pouvez parsemer dessus quelques feuilles d'origan ou de thym frais.

BROCHETTES DE TEMPEH ET LEUR PETITE SAUCE

POUR 6 BROCHETTES • PRÉPARATION : 10 MIN • CUISSON : 15 MIN • REPOS : 2 H

200 g de tempeh + 2 cuil. à soupe de tamari + 2 cuil. à soupe de miel liquide + 2 cuil. à soupe d'huile de sésame + 1 cuil. à soupe d'huile d'olive + Quelques feuilles de salade

Pour la sauce à la crème de coco : 20 cl de crème de coco + 10 feuilles de menthe
1 échalote + 1 citron vert + Sel, poivre

❐ Coupez le tempeh en gros cubes ; mettez-les à cuire 10 minutes à la vapeur. Mélangez le tamari avec le miel et l'huile de sésame et faites-y mariner le tempeh cuit pendant 2 heures minimum.

❐ Pendant ce temps, lavez et essorez la salade et préparez la sauce. Épluchez et ciselez l'échalote. Ciselez finement les feuilles de menthe. Pressez le citron. Dans un bol, mélangez la crème de coco avec l'échalote, la menthe et le jus de citron. Salez et poivrez.

❐ Sur 6 piques à brochette en bois ou en bambou, assemblez les brochettes en disposant les cubes de tempeh. Dans une poêle, faites chauffer l'huile d'olive, déposez les brochettes et arrosez de marinade. Pendant la cuisson, retournez régulièrement les brochettes afin qu'elles se nappent de sauce et caramélisent.

❐ Servez les brochettes bien chaudes avec la sauce à la crème de coco et quelques feuilles de salade.

RAVIOLIS JAPONAIS

POUR 40 RAVIOLIS • PRÉPARATION : 30 MIN • CUISSON : 15 MIN

40 feuilles de gyoza + ¼ de chou chinois + 1 grosse carotte + 20 g de champignons noirs
2 gousses d'ail + 1 ciboule + 3 cuil. à soupe d'huile + 1 ½ cuil. à soupe de sauce soja
+ un peu pour l'accompagnement + 1 cuil. à café de gingembre frais râpé

❒ Placez les champignons noirs dans un bol et recouvrez-les d'eau bouillante. Laissez-les tremper 10 minutes. Pendant ce temps, pelez et râpez finement la carotte. Émincez très finement le chou chinois et la ciboule. Pelez et écrasez les gousses d'ail.

❒ Égouttez les champignons et hachez-les finement. Faites chauffer 1 cuillerée à soupe d'huile dans une poêle sur feu vif. Faites-y revenir le chou chinois, la carotte, les champignons, l'ail, la ciboule, le gingembre pendant 5 minutes en remuant, jusqu'à ce que les légumes deviennent tendres. Assaisonnez avec la sauce soja.

❒ Placez une feuille de gyoza sur le plan de travail et déposez au centre 2 cuillerées à café de farce. Mouillez légèrement les bords avec de l'eau et fermez le gyoza, en pinçant les bords pour les sceller. Préparez de la même manière tous les raviolis.

❒ Faites chauffer 2 cuillerées à soupe d'huile dans une grande poêle et disposez les raviolis. Si la poêle n'est pas assez grande, procédez en plusieurs fois. Laissez-les cuire 5 minutes environ, jusqu'à ce que la base soit bien dorée et croustillante. Versez alors 15 cl d'eau, couvrez et poursuivez la cuisson pendant 5 minutes pour que le liquide s'évapore. Servez immédiatement avec de la sauce soja.

GRATIN DE POIREAUX

POUR 4 PERSONNES • PRÉPARATION : 10 MIN • CUISSON : 20 MIN

8 petits poireaux + 6 cuil. à soupe de crème épaisse + 50 g de parmesan fraîchement râpé
Noix de muscade fraîchement râpée + Quelques feuilles de persil + Sel, poivre

❒ Préchauffez le gril du four. Coupez les extrémités des poireaux, puis recoupez-les en deux dans le sens de la longueur. Rincez-les bien.

❒ Dans une casserole d'eau bouillante salée, faites cuire les poireaux 10 minutes environ, jusqu'à ce qu'ils soient juste tendres. Passez-les sous l'eau froide, égouttez-les et séchez-les bien. Placez-les dans un plat à gratin.

❒ Dans un bol, mélangez la crème avec le parmesan et la noix de muscade, poivrez. Versez le mélange sur les poireaux. Enfournez pour 10 minutes environ, jusqu'à ce qu'ils soient bien dorés. Assaisonnez et servez parsemé de persil ciselé.

BROCHETTES DE CHAMPIGNONS, SAUCE CHIMICHURRI

POUR 4 PERSONNES • PRÉPARATION : 20 MIN • CUISSON : 15 MIN

500 g de champignons de Paris + 10 cl d'huile d'olive + 5 cl de vinaigre de vin
4 gousses d'ail + 4 cuil. à soupe de feuilles de persil + 2 cuil. à soupe de feuilles de coriandre
½ cuil. à café de thym + ½ cuil. à café de cumin en poudre + ½ cuil. à café de sel
½ cuil. à café de poivre

❒ Retirez les pieds terreux et nettoyez les champignons. Coupez-les en quartiers et embrochez-les sur des brochettes. Vous devriez obtenir 16 brochettes environ. Faites cuire les brochettes de champignons au barbecue (ou à la poêle avec 1 cuillerée à soupe d'huile d'olive) pendant 15 minutes en les retournant à mi-cuisson.

❒ Pendant ce temps, préparez la sauce chimichurri. Dans le bol d'un robot mixeur, mettez l'huile d'olive, le vinaigre, les gousses d'ail épluchées, le persil, la coriandre, le thym, le poivre, le cumin et le sel. Mixez jusqu'à ce que les ingrédients soient amalgamés.

❒ Servez immédiatement les brochettes arrosées de sauce chimichurri.

BOUCHÉES À LA REINE

POUR 6 PERSONNES • PRÉPARATION : 20 MIN • CUISSON : 30-35 MIN

Pour les bouchées : 6 bouchées à la reine à garnir + 400 g de shiitakés + 1 échalote
1 cm de gingembre + 1 gousse d'ail + ½ bouquet de ciboulette + 30 g de beurre
30 g de farine de blé T80 + 10 cl de vin + 10 cl de bouillon de légumes + 20 cl de crème de soja + 1 cuil. à soupe d'huile

❒ Préchauffez le four à 150 °C (th. 5). Nettoyez les shiitakés. Pelez et ciselez l'échalote. Pelez et hachez finement le gingembre et l'ail. Ciselez la ciboulette. Dans une poêle, chauffez l'huile. Ajoutez les shiitakés et faites-les cuire 10 minutes à feu doux.

❒ Pendant ce temps, dans une casserole, faites fondre le beurre et ajoutez l'échalote, le gingembre et l'ail. Faites revenir 2 minutes. Ajoutez la farine et faites cuire 40 secondes. Versez le vin et fouettez. Ajoutez le bouillon et la crème, et continuez la cuisson à feu moyen jusqu'à ce que la sauce épaississe. Retirez du feu et ajoutez la ciboulette ciselée et les shiitakés. Mélangez délicatement. Garnissez chaque vol-au-vent de sauce aux shiitakés et enfournez pour 10 à 15 minutes.

❒ Servez chaud.

BLINIS À LA PATATE DOUCE, GARNITURE CAROTTES, BASILIC, BROCOLI RÂPÉ

POUR 6 BLINIS • PRÉPARATION : 20 MIN • CUISSON : 40 MIN • REPOS : 30 MIN

Pour la pâte à blinis : 150 g de patate douce + 70 g de farine de châtaigne
30 g de fécule de maïs + 12 cl de lait végétal + 1 cuil. à café de levure chimique
Huile de coco + Sel, poivre

Pour la garniture : 2 carottes + 2 fleurettes de brocoli + 1 bouquet de basilic + 1 citron jaune
Sel, poivre

❒ Pelez la patate douce et coupez-la en gros cubes. Faites-les cuire pendant 20 minutes dans une casserole d'eau bouillante salée. Piquez pour vérifier la cuisson, les morceaux doivent être tendres.

❒ Mixez-les avec la farine, la fécule, la levure et le lait. Salez et poivrez la pâte et laissez-la reposer pendant 30 minutes.

❒ Dans une poêle à blinis, faites chauffer un peu d'huile de coco et versez 1 cuillerée à soupe de pâte, retournez au bout de 2 à 3 minutes et laissez cuire encore 1 minute. Répétez l'opération jusqu'à épuisement de la pâte.

❒ Préparez la garniture. Pelez les carottes et coupez-les en fines lamelles à l'aide d'un économe. Lavez et ciselez le basilic. Râpez les fleurettes de brocoli.

❒ Sur chaque blinis déposez quelques lamelles de carotte et le brocoli râpé, puis parsemez de basilic. Salez et poivrez et servez avec des quartiers de citron.

MOUSSE D'AUBERGINES À LA CORIANDRE

POUR 4 PERSONNES • PRÉPARATION : 20 MIN • CUISSON : 25 MIN

2 aubergines + ½ citron + 1 gousse d'ail + 1 bouquet de coriandre + 1 pincée de piment
1 cuil. à soupe d'huile d'olive + 1 cuil. à soupe d'huile de colza + Sel, poivre

❒ Préchauffez le four à 150 °C (th. 5). Lavez les aubergines, puis coupez-les en deux dans le sens de la longueur. Disposez-les dans un plat, salez et poivrez. Faites-les cuire pendant 25 minutes environ, en les couvrant d'une feuille de papier aluminium si elles colorent trop vite.

❒ Laissez tiédir les aubergines quelques minutes hors du four, puis récupérez la chair à l'aide d'une petite cuillère. Pelez l'ail et effeuillez la coriandre préalablement lavée.

❒ Mettez la chair d'aubergine dans le bol du mixeur, ajoutez l'ail, la coriandre, le piment et les huiles. Arrosez d'un trait de jus de citron.

❒ Mixez le mélange pendant 3 à 4 minutes pour obtenir une purée lisse et aérée. Rectifiez l'assaisonnement. Servez tiède ou frais avec du pain grillé.

SOUFFLÉ AU REBLOCHON

POUR 4 PERSONNES • PRÉPARATION : 20 MIN • CUISSON : 25 MIN

100 g de reblochon + 3 œufs + 35 cl de lait + 30 g de beurre + 30 g de farine + 1 pincée de muscade râpée + Sel, poivre

❒ Préchauffez le four à 180 °C (th. 6). Éliminez la croûte du reblochon, puis coupez-le en petites lamelles.

❒ Faites fondre le beurre dans une petite casserole. Ajoutez la farine et laissez dorer à feu doux pendant 2 minutes en remuant avec une spatule. Lorsque le mélange est légèrement coloré, ajoutez le lait petit à petit en remuant avec un fouet. Portez à ébullition et laissez cuire 10 minutes à feu très doux en remuant sans arrêt.

❒ Hors du feu, salez légèrement, poivrez, ajoutez la muscade et le fromage. Travaillez le mélange jusqu'à ce que le fromage soit totalement fondu. Laissez tiédir.

❒ Séparez les jaunes d'œufs des blancs. Montez les blancs en neige très ferme après y avoir ajouté une pincée de sel. Incorporez les jaunes dans la béchamel au fromage puis, délicatement, les blancs en neige. Versez le mélange dans un moule évasé et enfournez pour 25 minutes. Servez à la sortie du four avec, si vous le désirez, une salade verte.

BRUSCHETTA NECTARINE, FROMAGE DE CHÈVRE, MIEL

POUR 4 BRUSCHETTAS • PRÉPARATION : 10 MIN • CUISSON : 14 MIN

4 grandes tranches de pain de campagne + 4 nectarines pas trop mûres + 2 petits fromages de chèvre frais + 1 cuil. à soupe de miel liquide + 1 cuil. à soupe de feuilles de persil ½ oignon frais + ¼ cuil. à café de fleur de sel + ¼ cuil. à café de poivre + Huile

❒ Détaillez les nectarines en quartiers. Faites chauffer une grille en fonte (ou dans une poêle à fond épais) légèrement huilée sur feu vif et placez-y les quartiers de nectarine. Faites cuire 5 minutes de chaque côté. Retirez du feu.

❒ Pendant ce temps, épluchez et émincez finement l'oignon. Hachez les feuilles de persil. Réservez.

❒ Placez les tranches de pain sur la grille en fonte (ou dans la poêle) et faites-les griller 2 minutes de chaque côté.

❒ Étalez ½ fromage de chèvre sur chaque tranche de pain. Répartissez les quartiers de nectarine rôtis, les feuilles de persil, l'oignon frais, la fleur de sel et le poivre. Versez le miel dessus.

❒ Servez immédiatement.

TARTINE DE FROMAGE FRAIS À LA FONDUE DE SCAROLE

POUR 4 TARTINES • PRÉPARATION : 10 MIN • CUISSON : 10 MIN

4 tranches de pain au levain + 100 g de fromage frais + 500 g de scarole + 325 g d'olives dénoyautées + 25 g de câpres + 25 g de raisins secs + 25 g de graines de tournesol + Huile d'olive

❒ Retirez les premières feuilles de la scarole si elles sont abîmées. Effeuillez la salade et lavez soigneusement les feuilles, puis coupez chaque feuille en gros morceaux.

❒ Hachez grossièrement les olives. Dans un bol, mélangez-les avec les câpres, les raisins secs et les graines de tournesol.

❒ Dans une sauteuse, chauffez l'huile d'olive et faites-y revenir 2 minutes le mélange aux olives. Ajoutez la scarole, remuez et faites cuire à feu moyen à couvert 10 minutes environ, le temps que les feuilles tombent et s'attendrissent.

❒ Préchauffez le four à 240 °C (th. 8) en position gril.

❒ Déposez les tranches de pain sur une plaque de cuisson, placez-la à 10 cm du gril et laissez juste dorer le pain. Nappez les tartines d'un filet d'huile d'olive et tartinez-les de fromage frais. Déposez dessus la scarole fondue et servez aussitôt.

MINI-GOUGÈRES PARMESAN-AMANDES

POUR 4 PERSONNES • PRÉPARATION : 10 MIN • CUISSON : 20 MIN

150 g de farine tamisée + 4 œufs + 60 g de beurre + 90 g de parmesan râpé finement
2 cuil. à soupe d'amandes effilées écrasées + 1 pincée de sel + Poivre

❒ Préchauffez le four à 180 °C (th. 6). Dans une casserole, portez à ébullition 24 cl d'eau avec le beurre et le sel.

❒ Retirez du feu et versez d'un coup la farine. Mélangez vivement jusqu'à obtenir une pâte qui se décolle des parois. Remettez à feu doux et faites sécher la pâte 1 minute en la remuant bien.

❒ Incorporez les œufs un à un en mélangeant très vivement.

❒ Ajoutez le parmesan, poivrez et mélangez à la spatule.

❒ Formez, à l'aide de deux cuillères, des petits tas de ½ cuillerée à soupe environ sur une plaque recouverte de papier sulfurisé.

❒ Répartissez les amandes sur les gougères. Enfournez pour 20 minutes environ.

CROSTINIS RICOTTA ET FIGUE

POUR 8 CROSTINIS • PRÉPARATION : 10 MIN • CUISSON : 5 MIN

8 tranches de baguettes grillées + 2 figues coupées en tranches + 4 cuil. à soupe de ricotta 1 cuil. à soupe d'huile d'olive + 1 cuil. à soupe de vinaigre balsamique + 2 cuil. à soupe de sucre en poudre + 2 tiges d'origan effeuillées + Poivre

❒ Faites griller le pain.

❒ Faites chauffer le vinaigre et le sucre dans une petite casserole. Portez à ébullition et laissez 3 minutes à feu doux.

❒ Badigeonnez les tranches de pain avec l'huile d'olive. Étalez la ricotta et déposez les tranches de figue.

❒ Finissez en versant sur les tartines le mélange de vinaigre au sucre, poivrez et parsemez l'origan.

ESQUIMAU DE GASPACHO AU PIMENT D'ESPELETTE

POUR 6 ESQUIMAUX • PRÉPARATION : 15 MIN • CONGÉLATION : 5 H

8 tomates bien mûres + 1 gros poivron rouge + 1 petit concombre + 1 gousse d'ail + 1 oignon
4 brins de coriandre + 1 cuil. à soupe d'huile d'olive + 2 cuil. à soupe de vinaigre de Xérès
Piment d'Espelette + Sel

❒ Ébouillantez les tomates quelques secondes, afin de les peler plus facilement. Ouvrez-les, épépinez-les et coupez-les en quatre.

❒ Pelez le poivron avec un épluche-légumes, ouvrez-le, égrenez-le et retirez les parties blanches. Coupez-le en dés.

❒ Épluchez le concombre et émincez-le grossièrement. Pelez et émincez également l'ail et l'oignon.

❒ Rassemblez tous ces légumes dans le bol d'un mixeur avec la coriandre lavée, l'huile d'olive et le vinaigre. Ajoutez ½ verre d'eau et mixez longuement. Goûtez, salez très légèrement et pimentez.

❒ Versez cette soupe dans des moules à bâtonnets glacés et faites prendre 5 heures au congélateur.

CÈPES POÊLÉS À L'ŒUF CRU

POUR 4 PERSONNES • PRÉPARATION : 20 MIN • CUISSON : 8-10 MIN

4 jaunes d'œufs extra frais + 12 cèpes, petits et bien fermes + 2 gousses d'ail
4 brins de persil plat + 2 cuil. à soupe d'huile d'olive + Sel, poivre

❐ Nettoyez les cèpes sans les laver en les essuyant avec du papier absorbant légèrement mouillé. Coupez la base du pied terreux. Émincez-les dans le sens de la hauteur très finement.

❐ Pelez les gousses d'ail et émincez-les également. Lavez et essuyez le persil, ciselez-le.

❐ Faites chauffer l'huile dans une grande poêle (ou sur une plancha). Ajoutez les lamelles de cèpe et rissolez-les rapidement en les faisant sauter. Ajoutez l'ail et mélangez délicatement. La cuisson totale est de 8 à 10 minutes selon l'épaisseur des lamelles de cèpe.

❐ Répartissez les lamelles de cèpe croustillantes sur 4 petites assiettes. Déposez 1 jaune d'œuf cru au milieu, salez et poivrez. Garnissez de persil et servez aussitôt.

CAKE COURGETTES, CHÈVRE, MIEL ET GRAINES DE CHIA

POUR 6 PERSONNES • PRÉPARATION : 15 MIN • CUISSON : 20 MIN

2 petites courgettes + 50 g de chèvre bûche + 200 g de farine blanche + 1 sachet de levure chimique + 10 cl de crème de soja + 3 œufs + 5 cl d'huile de noix + 1 filet pour la poêle 1 gousse d'ail + 3 cuil. à café de graines de chia + 1 cuil. à soupe de miel liquide + Beurre doux pour le moule + Sel, poivre

❒ Préchauffez le four à 180 °C (th. 6).

❒ Lavez et coupez les courgettes en lamelles à l'aide d'un économe (comme des tagliatelles). Faites-les revenir dans une poêle chaude avec un filet d'huile de noix et la gousse d'ail émincée.

❒ Mélangez dans un saladier les œufs, la crème de soja, la farine, la levure et l'huile. Ajoutez ensuite les courgettes revenues, les graines de chia, le chèvre coupé en morceaux et le miel. Assaisonnez.

❒ Beurrez un moule à cake et versez-y la préparation. Enfournez pour 45 minutes, puis laissez refroidir avant de démouler.

FRIAND VÉGÉTARIEN

POUR 4 PERSONNES • PRÉPARATION : 20 MIN • CUISSON : 25 MIN

8 feuilles de riz + ¼ de chou vert + 2 échalotes + 2 carottes + 2 cuil. à soupe d'huile de sésame + 1 cuil. à soupe de sauce soja + 1 cuil. à café de curry en poudre

- Lavez et coupez finement le chou. Épluchez et ciselez finement les échalotes et les carottes.
- Dans une sauteuse, faites revenir pendant 10 minutes dans un filet d'huile de sésame, les carottes, puis ajoutez la sauce soja, le chou, le curry et les échalotes, et poursuivez la cuisson pendant 10 minutes. Humidifiez les feuilles de riz puis mettez dans chacune d'elles 1 cuillerée à soupe de légumes.
- Refermez les feuilles de riz en pliant les bords.
- Faites chauffer le restant d'huile dans une poêle puis dorez les friands de chaque côté. Servez chaud avec une salade de roquette.

SALADE DE CHOU À LA JAPONAISE

POUR 4 PERSONNES • PRÉPARATION : 5 MIN

½ chou blanc + 60 g de gingembre frais + 8 cuil. à soupe de sauce soja + 2 cuil. à soupe de graines de sésame + 1 citron + 1/3 de botte de coriandre + 1 filet d'huile d'olive + Poivre

❐ Épluchez et râpez le gingembre et le chou à l'aide d'un robot de cuisine.

❐ Ciselez la coriandre. Râpez et pressez le citron.

❐ Mélangez le chou, la sauce soja, les graines de sésame, le jus et le zeste de citron, le gingembre et la coriandre.

❐ Poivrez et arrosez le tout d'huile d'olive.

CHOUX DE BRUXELLES, NOIX DE CAJOU, VINAIGRETTE AU CURCUMA

POUR 4 PERSONNES • PRÉPARATION : 20 MIN • CUISSON : 30 MIN

450 g de choux de Bruxelles + 60 g de noix de cajou torréfiées + Quelques radis
Sel, poivre + Huile d'olive
Pour la vinaigrette : ½ oignon ciselé + 1 cuil. à soupe de graines de moutarde
2 cuil. à café de graines de moutarde jaune + 1 cuil. à café de curcuma + 120 ml d'huile d'olive + 1 cuil. à soupe de miel + Le jus de ½ citron vert + Sel

❒ Préchauffez le four à 120 °C (th. 4). Préparez la vinaigrette. Placez l'oignon dans une petite casserole avec les graines de moutarde, le curcuma et l'huile. Portez à ébullition, puis laissez mijoter 20 minutes, en remuant de temps en temps.

❒ Pendant ce temps, placez les choux de Bruxelles coupés en deux sur une plaque, arrosez-les d'huile et salez. Enfournez pour 10 minutes environ.

❒ Taillez les radis en fines rondelles, si possible à l'aide d'une mandoline. Goûtez les choux pour vérifier la cuisson, puis placez-les dans un saladier avec les noix de cajou grossièrement hachées et les pétales de radis.

❒ Incorporez dans la vinaigrette une pincée de sel, le miel et le jus de citron vert. Fouettez et rectifiez l'assaisonnement si nécessaire. Servez les choux avec la vinaigrette.

SOUPE DE CHAMPIGNONS DES BOIS

POUR 6 PERSONNES • PRÉPARATION : 10 MIN • CUISSON : 35 MIN

500 g de champignons mélangés (cèpes, champignons de Paris, chanterelles, coulemelles, girolles, lactaires, délicieux, pieds-de-mouton, pleurotes, shiitakés ou trompettes-de-la-mort) + 1 échalote + 1 bouquet de cerfeuil + 50 g de beurre + 3 cuil. à soupe de fécule de maïs (ou 2 jaunes d'œufs et 4 cuil. à soupe de crème fraîche) + Sel, poivre

❒ Nettoyez les champignons en les brossant. Pelez et émincez l'échalote. Lavez le cerfeuil.

❒ Faites fondre le beurre dans une grande sauteuse, versez l'échalote et faites-la blondir dans le beurre. Ajoutez les champignons. Faites d'abord sauter les plus beaux morceaux (quelques têtes entières) et réservez-les dans une assiette, puis versez tous les champignons. Salez et poivrez. Tournez délicatement avec une cuillère en bois et laissez cuire 5 minutes.

❒ Versez 1,5 l d'eau chaude dans la sauteuse, portez à ébullition pendant 5 minutes, puis laissez cuire doucement 20 minutes.

❒ Délayez la fécule de maïs dans un bol avec 1 à 2 cuillerées de bouillon de cuisson. Versez-la dans la sauteuse et laissez cuire 5 minutes doucement en tournant sans cesse. Pour une liaison plus riche, employez 2 jaunes d'œufs et 4 cuillerées à soupe de crème fraîche.

❒ Servez dans une soupière ou dans des assiettes, et décorez avec les champignons réservés et quelques pluches de cerfeuil.

SOUPE DE LÉGUMES D'HIVER À L'ORGE

POUR 6 PERSONNES • PRÉPARATION : 15 MIN • CUISSON : 1 H • TREMPAGE : 12 H

125 g d'orge mondé (ou de petit épeautre ou de gruau d'avoine) + 2 panais + 2 carottes
2 navets + 1 rutabaga + 1 poireau + 2 branches de céleri + 2 oignons + 5 feuilles de sauge
1 feuille de laurier + 3 cuil. à soupe d'huile d'olive + 1 filet + Sel, poivre

❐ Mettez l'orge mondé à tremper pendant 12 heures. Ensuite, égouttez-le et faites-le cuire dans un grand volume d'eau froide non salée 30 minutes à compter de l'ébullition.

❐ Pelez les panais, les carottes, les navets et le rutabaga et coupez-les en cubes de 2 cm. Lavez soigneusement le poireau et coupez-le en rondelles. Lavez et effeuillez les branches de céleri. Ciselez les feuilles et coupez les branches en rondelles. Pelez et ciselez les oignons.

❐ Dans une cocotte, chauffez l'huile et faites-y revenir tous les légumes, à l'exception des feuilles de céleri, pendant 10 minutes à feu moyen. Versez 1,5 l d'eau, ajoutez l'orge, les feuilles de laurier et de sauge. Portez à ébullition et poursuivez la cuisson à petits frémissements pendant 20 minutes. En fin de cuisson, salez et poivrez.

❐ Répartissez la soupe dans des assiettes creuses, parsemez de feuilles de céleri ciselées et arrosez d'un filet d'une excellente huile d'olive.

MINESTRONE D'ASPERGES VERTES AUX RAVIOLES

POUR 4 PERSONNES • PRÉPARATION : 10 MIN • CUISSON : 10-15 MIN

1 botte d'asperges vertes + 500 g de ravioles du Dauphiné + 2 oignons nouveaux
½ bouquet de ciboulette + ½ bouquet de persil plat + 2 branches de menthe
1 cuil. à soupe d'huile d'olive + Sel, poivre

❒ Retirez la partie fibreuse des asperges (gardez-la pour aromatiser un bouillon) et épluchez-les. Coupez-les en tronçons de 2 cm en conservant 5 cm de pointe. Rincez et émincez le bulbe et le vert des oignons. Rincez et ciselez la ciboulette. Rincez, effeuillez et ciselez le persil et la menthe.

❒ Dans une cocotte, faites dorer les oignons nouveaux à l'huile d'olive. Versez 1,5 l d'eau et portez à ébullition. Ajoutez les tronçons et les pointes d'asperge, puis faites cuire 3 minutes. Salez et poivrez.

❒ Réduisez le feu afin que l'eau ne bouille pas. Ajoutez les ravioles et les herbes ciselées, et poursuivez la cuisson 2 minutes. Servez aussitôt.

CRÈME DE COURGETTE AU TOFU SOYEUX

POUR 4 PERSONNES • PRÉPARATION : 5 MIN

800 g de courgettes + 1 botte d'oignons nouveaux (ou de ciboules) + 2 cuil. à soupe d'huile d'olive + 75 cl de bouillon de légumes (ou d'eau) + 200 g de tofu soyeux + Sel, poivre

❒ Lavez et coupez les courgettes en rondelles, sans les éplucher. Épluchez et émincez les oignons avec le vert (conservez-en un peu pour le service).

❒ Chauffez l'huile et faites-y revenir quelques minutes les courgettes et les oignons. Ajoutez le bouillon et portez à ébullition. Faites cuire à petits bouillons pendant 15 minutes, le temps que les courgettes soient tendres.

❒ À l'aide d'un robot plongeant ou dans un blender, mixez les courgettes avec le tofu soyeux. Ajoutez un peu d'eau si la crème vous semble trop épaisse. Goûtez et rectifiez l'assaisonnement. Servez aussitôt.

SOUPE VELOUTÉE DE BROCOLI, NOISETTES, PETITES GRAINES ET PARMESAN

POUR 6 PERSONNES • PRÉPARATION : 10 MIN • CUISSON : 25 MIN

800 g de brocoli (tiges et fleurettes) + 1 oignon + 1 gousse d'ail + 1 cuil. à soupe d'huile d'olive + 1,25 l de bouillon de légumes (ou d'eau) + 50 g de noisettes entières 30 g de parmesan + 1 cuil. à soupe de purée de noisettes + 1 cuil. à soupe de petites graines pour le service + Sel, poivre

❒ Rincez le brocoli, détachez les fleurettes et détaillez la tige en rondelles. Épluchez et ciselez l'oignon. Pelez, dégermez et écrasez du plat d'un couteau la gousse d'ail.

❒ Dans une cocotte, chauffez l'huile et faites revenir l'ail et l'oignon. Ajoutez le brocoli, versez le bouillon de légumes. Portez à ébullition et poursuivez la cuisson à frémissement pendant 20 minutes jusqu'à ce que le brocoli soit tendre.

❒ Pendant ce temps, au couteau, concassez les noisettes et faites-les torréfier à sec dans une poêle chaude. Avec un économe, réalisez des copeaux de parmesan.

❒ À l'aide d'un robot plongeant ou d'un blender, mixez les légumes avec la purée de noisettes. Ajoutez un peu d'eau si le velouté vous semble trop épais. Goûtez et rectifiez l'assaisonnement.

❒ Servez aussitôt parsemé de noisettes, de petites graines et de copeaux de parmesan.

SOUPE RUSTIQUE AUX LÉGUMES D'HIVER ET CÉRÉALES

POUR 6 PERSONNES • TREMPAGE : 12 H • PRÉPARATION : 20 MIN • CUISSON : 50 MIN

125 g de petit épeautre + 75 g de graines de sarrasin + 2 carottes + 2 navets + 1 panais
2 branches de céleri + 1 poireau + 2 oignons + 3 cuil. à soupe d'olive + 1 filet pour le service
2 feuilles de laurier + 1 branche de thym + Sel, poivre

❒ La veille, mettez le petit épeautre à tremper pendant 12 heures.

❒ Le jour même, pelez les carottes, les navets et le panais et coupez-les en morceaux. Lavez et effeuillez les branches de céleri. Ciselez les feuilles et coupez les branches en tronçons. Rincez soigneusement le poireau et taillez-le en rondelles. Pelez les oignons et émincez-les.

❒ Dans une cocotte, chauffez l'huile et faites-y revenir tous les légumes à l'exception des feuilles de céleri pendant plusieurs minutes à feu moyen. Versez 2 l d'eau, ajoutez le petit épeautre, les feuilles de laurier et la branche de thym, et portez à ébullition. Faites cuire à petits frémissements pendant 15 minutes. Ajoutez les graines de sarrasin et poursuivez la cuisson 20 minutes le temps que les légumes soient tendres. Goûtez et rectifiez l'assaisonnement.

❒ Répartissez la soupe dans des assiettes creuses, parsemez de feuilles de céleri ciselées et arrosez d'huile d'olive.

SOUPE DE LENTILLES VERTES AU TOFU FUMÉ

POUR 4 PERSONNES • PRÉPARATION : 10 MIN • CUISSON : 35 MIN

250 g de lentilles vertes du Puy + 2 carottes + 2 oignons + 1 branche de céleri (facultatif)
2 cuil. à soupe d'huile d'olive + 1 filet pour la poêle + 1 feuille de laurier + 1 branche de thym
200 g de tofu fumé + Sel, poivre

❒ Rincez les lentilles. Pelez et coupez les carottes en rondelles. Épluchez les oignons et ciselez-les finement. Rincez et taillez en fines rondelles la branche de céleri.

❒ Dans une cocotte, versez l'huile et faites-y revenir tous les légumes pendant quelques minutes. Ajoutez les lentilles, la feuille de laurier, la branche de thym et 1 l d'eau. Portez à ébullition et faites cuire à couvert à petits frémissements pendant 30 minutes, le temps que les lentilles soient bien cuites et s'écrasent un peu.

❒ Retirez la feuille de laurier et la branche de thym. Goûtez et rectifiez l'assaisonnement. En fonction de votre préférence, à l'aide d'un robot plongeant, mixez la soupe plus ou moins finement.

❒ Pendant la cuisson de la soupe, coupez le tofu en cubes et faites-les sauter à la poêle avec un filet d'huile d'olive.

❒ Répartissez la soupe dans des bols, ajoutez les cubes de tofu fumé sautés et dégustez aussitôt.

SOUPE
À LA DAUPHINOISE

POUR 6 PERSONNES • PRÉPARATION : 20 MIN • CUISSON : 30 MIN

200 g de courge butternut + 200 g de navets + 200 g de pommes de terre + 1 petite botte de blettes + 20 g de beurre + 75 cl de lait + 50 g de vermicelles + Sel

❒ Épluchez la courge, les navets et les pommes de terre et taillez-les en cubes de 1 cm. Lavez les blettes, puis émincez finement les côtes et les feuilles au couteau.

❒ Dans une cocotte, faites fondre le beurre et laissez-y suer les cubes de courge, de navet et de pomme de terre. Ajoutez le lait et 75 cl d'eau. Salez. Portez à ébullition et laissez frémir pendant 15 minutes. Ajoutez les blettes émincées et les vermicelles, et poursuivez la cuisson 10 minutes.

❒ Servez bien chaud.

SOUPE DE QUINOA AU MAÏS, POIVRON ET HARICOTS ROUGES

POUR 4 PERSONNES • PRÉPARATION : 15 MIN • CUISSON : 25 MIN

150 g de quinoa + 2 poivrons rouges + 2 épis de maïs frais (ou 285 g de maïs en grains à ajouter avec les haricots rouges) + 1 oignon + 2 gousses d'ail + 2 cuil. à soupe d'huile d'olive + 1,25 l de bouillon de légumes (ou d'eau) + 250 g de haricots rouges cuits + Sel Poivre ou piment d'Espelette

❒ Rincez abondamment les graines de quinoa à l'eau froide.

❒ Rincez les poivrons, retirez le pédoncule, les graines et les membranes blanches, puis taillez-les en petits cubes. Coupez les épis de maïs en tronçons de 2 à 3 cm. Épluchez et ciselez finement l'oignon. Pelez, dégermez et hachez les gousses d'ail.

❒ Dans une cocotte, chauffez l'huile et faites-y revenir 5 minutes les dés de poivron, l'ail et l'oignon. Ajoutez le quinoa rincé, les tronçons de maïs et le bouillon. Portez à ébullition, couvrez et faites cuire à petits frémissements 10 minutes. Ajoutez les haricots rouges et poursuivez la cuisson 10 minutes. Goûtez, rectifiez l'assaisonnement : salez, poivrez ou pimentez selon votre goût. Servez bien chaud.

SOUPE DE LÉGUMES PRIMEURS AUX NOUILLES SOBA

POUR 4 PERSONNES • PRÉPARATION : 25 MIN • CUISSON : 15 MIN

400 g de petits pois frais à écosser + 2 carottes primeurs + 1 botte d'asperges vertes
1 botte d'oignons nouveaux + ½ tête d'ail nouveau + 1 cuil. à soupe d'huile d'olive + un peu pour le service + 1 l de bouillon de légumes (ou d'eau) + 250 g de nouilles soba
Quelques feuilles d'estragon pour le service + Sel, poivre

❒ Écossez les petits pois. Pelez les carottes et coupez-les en rondelles. Lavez les asperges, retirez la partie dure de la base et coupez le reste en rondelles de 1 à 2 cm en conservant les pointes. Ciselez les oignons et 10 cm de leur tige. Pelez la tête d'ail, retirez les gousses et émincez-les finement.

❒ Dans une cocotte, faites suer quelques minutes les oignons et l'ail avec l'huile. Versez le bouillon et portez à ébullition. Ajoutez les légumes et poursuivez la cuisson 10 minutes. Goûtez et rectifiez l'assaisonnement.

❒ Pendant ce temps, faites cuire les nouilles soba comme indiqué sur le paquet. Égouttez-les et répartissez-les dans 4 bols.

❒ Versez aussitôt le bouillon aux légumes, parsemez d'estragon fraîchement ciselé et arrosez d'un filet d'huile d'olive.

CRÈME DE TOPINAMBOURS, ÉPINARDS ET NOIX TORRÉFIÉES

POUR 6 PERSONNES • PRÉPARATION : 20 MIN • CUISSON : 30 MIN

500 g de topinambours + 300 g d'épinards frais + 2 échalotes + 20 cl de crème d'amandes
12 noix de Grenoble + 2 cuil. à soupe d'huile d'olive + Un peu d'huile de noix pour le service
Sel, poivre

❒ Épluchez, rincez et coupez les topinambours en morceaux. Équeutez, lavez et coupez en lanières les feuilles d'épinard. Épluchez et ciselez les échalotes. Cassez les noix et retirez les cerneaux. Au couteau, hachez les cerneaux de noix et faites-les torréfier à sec quelques minutes dans une poêle chaude.

❒ Dans une cocotte, faites suer les échalotes avec l'huile. Ajoutez les morceaux de topinambour et faites-les revenir quelques minutes en remuant régulièrement. Ajoutez 75 cl d'eau, salez et portez à ébullition. Couvrez et poursuivez la cuisson à frémissement pendant 20 minutes. Ajoutez les épinards et faites cuire encore 5 minutes. Retirez du feu.

❒ Mixez à l'aide d'un robot plongeant ou d'un blender, ajoutez la crème et rectifiez l'assaisonnement au besoin.

❒ Répartissez la crème de topinambours aux épinards dans 6 assiettes creuses, arrosez d'un filet d'huile de noix, saupoudrez de noix torréfiées et d'un tour de moulin à poivre.

SOUPE BLANCHE À L'AIL

POUR 2 PERSONNES • PRÉPARATION : 10 MIN • RÉFRIGÉRATION : 2 H

200 g d'amandes émondées + 2 cuil. à soupe grossièrement hachées pour servir + 200 g de pain de mie sans croûte + 2 gousses d'ail coupées en quatre + 1 cuil. à soupe de vinaigre de Xérès + 3 cuil. à soupe d'huile d'olive + 1 grappe de raisin blanc + Sel, poivre

❒ Versez les amandes dans un plat, le pain de mie, arrosez de 30 cl d'eau et laissez le tout reposer 1 heure au réfrigérateur.

❒ Ajoutez l'ail, le vinaigre, l'huile et mixez le tout finement, salez et poivrez, ajoutez 30 cl d'eau jusqu'à obtenir la consistance désirée, mixez à nouveau, puis laissez reposer 1 heure de plus au réfrigérateur.

❒ Versez dans des assiettes creuses et déposez les grains de raisin coupés en deux, puis saupoudrez avec les amandes hachées et servez aussitôt.

SOUPE DE CHOUX DE BRUXELLES AUX MARRONS

POUR 4 PERSONNES • PRÉPARATION : 10 MIN • CUISSON : 25 MIN

250 g de choux de Bruxelles coupés en deux + 250 g de pommes de terre coupées en cubes + 250 g de marrons cuits au naturel + 1 oignon coupé en cubes + 2 branches de thym + 90 cl de bouillon de légumes + 10 cl de crème liquide entière + un peu pour le service + 2 cuil. à soupe de noisettes concassées + 20 g de beurre + Sel, poivre

❐ Prélevez quelques marrons et choux de Bruxelles pour la présentation finale.

❐ Dans une casserole, faites fondre le beurre et laissez revenir l'oignon et le thym 5 minutes à feu moyen, en remuant régulièrement.

❐ Ajoutez les pommes de terre et les choux de Bruxelles et prolongez la cuisson de 5 minutes à couvert, salez et poivrez.

❐ Ajoutez les marrons, le bouillon et laissez cuire 12 minutes de plus.

❐ Ajoutez la crème dans la casserole et passez le tout au robot plongeant.

❐ Servez dans des assiettes creuses, répartissez les marrons et les choux de Bruxelles réservés, puis saupoudrez de noisettes concassées et décorez d'un trait de crème fraîche.

SOUPE FROIDE À L'ITALIENNE ET QUENELLES DE RICOTTA

POUR 6 PERSONNES • PRÉPARATION : 10 MIN • CUISSON : 1 MIN

4 tomates + 200 g de pain rassis + 3 gousses d'ail + 3 brins de basilic + 1 cube de bouillon de légumes + 12 glaçons + 60 g de ricotta + Sel, poivre

❒ Ébouillantez les tomates quelques secondes. Rafraîchissez-les, pelez-les, coupez-les en quatre et épépinez-les.

❒ Coupez le pain en cubes. Pelez l'ail et dégermez-le. Rincez le basilic, effeuillez-le et ciselez-le.

❒ Rassemblez dans le bol d'un mixeur les tomates, les cubes de pain, l'ail, le cube de bouillon, les glaçons et 40 à 50 cl d'eau fraîche (selon la consistance désirée). Mixez longuement.

❒ Goûtez, salez et poivrez selon votre goût. Versez dans des coupelles.

❒ Prélevez 6 quenelles de ricotta à l'aide de 2 cuillères à café et répartissez-les dans les coupelles.

❒ Dégustez saupoudré de basilic ciselé.

SOUPE FROIDE DE POTIRON, ORANGE ET TABASCO®

POUR 6 PERSONNES • PRÉPARATION : 20 MIN • CUISSON : 20 MIN
RÉFRIGÉRATION : 2 H

600 g de chair de potiron + 2 oranges + Tabasco® + 1 gousse d'ail + 1 oignon
3 cm de gingembre + 1 pincée de muscade râpée + 1 cube de bouillon de légumes
5 cl de lait de coco + 12 glaçons + Sel

❐ Coupez en dés la chair du potiron. Pelez l'ail et l'oignon et hachez-les grossièrement. Pelez le gingembre et râpez-le.

❐ Mettez tous ces ingrédients dans une casserole avec la muscade et le cube de bouillon, versez de l'eau à hauteur des ingrédients et faites cuire 20 minutes à partir de l'ébullition. Retirez du feu, laissez refroidir et glissez pour 2 heures au réfrigérateur.

❐ Coupez les oranges en deux et pressez-les pour en recueillir le jus.

❐ Versez le contenu de la casserole (potiron + eau de cuisson) dans le bol d'un mixeur au moment de servir. Ajoutez le jus d'orange, le lait de coco et les glaçons. Mixez longuement.

❐ Ajoutez un peu d'eau si nécessaire pour obtenir une préparation moins épaisse. Goûtez avant de saler.

❐ Assaisonnez de 1 à 2 gouttes de Tabasco®, selon votre goût. Dégustez bien frais.

SOUPE FROIDE DE POUSSES D'ÉPINARD, BETTERAVES, JUS DE TOMATE ET YAOURT DE BREBIS

POUR 6 PERSONNES • PRÉPARATION : 15 MIN

300 g de pousses d'épinard + 3 betteraves cuites + 40 cl de jus de tomate + 1 yaourt au lait de brebis + 3 brins de coriandre + 12 glaçons + Tabasco® + Sel

❒ Lavez les pousses d'épinard et égouttez-les. Coupez les betteraves en morceaux. Rincez la coriandre, effeuillez-la et ciselez-la.

❒ Mettez les pousses d'épinard et les betteraves dans le bol d'un mixeur. Mixez longuement avec le jus de tomate, le yaourt et les glaçons.

❒ Allongez d'eau fraîche si nécessaire pour obtenir la consistance désirée. Salez et ajoutez le Tabasco® selon votre goût. Mixez encore pour mélanger.

❒ Versez dans des coupelles. Dégustez saupoudré de coriandre ciselée.

GASPACHO DE TOMATES, BETTERAVES ET PASTÈQUE

POUR 6 PERSONNES • PRÉPARATION : 15 MIN • CUISSON : 1 MIN

3 tomates + 3 betteraves cuites + 300 g de chair de pastèque + ½ oignon rouge
20 cl de jus de grenade + 2 cuil. à soupe de vinaigre balsamique + 12 glaçons + Sel, poivre

- Ébouillantez les tomates quelques secondes. Rafraîchissez-les, pelez-les, coupez-les en quatre et épépinez-les.
- Épluchez les betteraves et coupez-les en morceaux. Pelez l'oignon.
- Mixez longuement dans le bol d'un mixeur les tomates, la chair de pastèque coupée en cubes, les betteraves, l'oignon coupé en morceaux, les glaçons, le jus de grenade, 20 cl d'eau et le vinaigre balsamique. Goûtez, salez et poivrez à votre convenance.
- Ajoutez un peu d'eau fraîche si nécessaire pour obtenir la consistance désirée.

- Laissez la préparation au frais jusqu'au moment de servir. Dégustez dans des assiettes creuses individuelles.

TACOS FOURRÉS À LA RICOTTA, TOMATES ET OIGNON

POUR 4 PERSONNES • PRÉPARATION : 15 MIN • CUISSON : 25-30 MIN

Pour la garniture : 150 g de ricotta + 3 tomates + 1 petit oignon + 1-2 piments oiseau (selon votre goût) + 1 avocat + 2 radis (facultatif) + Piment d'Espelette + Huile d'olive + Sel, poivre
Pour servir : 8 tortillas de maïs du commerce

❒ Hachez l'oignon et les piments oiseau. Coupez les tomates en dés, l'avocat en fines lamelles.

❒ Chauffez un généreux filet d'huile dans une poêle, ajoutez l'oignon et les piments et faites cuire 1 à 2 minutes. Ajoutez les deux tiers des tomates et poursuivez la cuisson à feu vif, en remuant de temps en temps jusqu'à ce que le mélange soit assez sec, 5 minutes environ. Ajoutez la ricotta, une grosse pincée de sel, poivrez et mélangez bien.

❒ Faites cuire à feu moyen jusqu'à l'obtention d'une consistance crémeuse, 15 à 20 minutes.

❒ Servez immédiatement sur des tortillas chaudes garnies de lamelles d'avocat, de dés de tomate, de piment d'Espelette et, si vous aimez, de rondelles de radis coupées en petits morceaux.

TACOS AU CHOU-FLEUR, MAÏS, HARICOTS NOIRS ET SALSA

POUR 4 PERSONNES • PRÉPARATION : 15 MIN • CUISSON : 25-30 MIN

Pour la garniture : 1 petit chou-fleur + 150 g de grains de maïs + 150 g de haricots noirs (en conserve) + 4 cuil. à soupe de yaourt + 2 cuil. à soupe de piments chipotle en sauce adobados (en conserve, facultatif) + 1 cuil. à soupe de vinaigre de vin rouge 1 pincée de cumin + Quelques feuilles de coriandre + Huile d'olive + Sel, poivre
Pour servir : 8 tortillas de maïs du commerce

❒ Préchauffez le four à 180 °C (th. 6).

❒ Déposez sur une plaque allant au four les bouquets de chou-fleur, arrosez d'huile d'olive, salez, poivrez et enfournez 20 minutes environ avec le maïs.

❒ Pendant ce temps, versez les haricots noirs avec un peu de leur liquide dans une casserole, ajoutez le vinaigre et le cumin, faites chauffer 5 minutes et réservez.

❒ Servez le chou-fleur avec le maïs et les haricots dans les tortillas chaudes. Garnissez de yaourt, de piments chipotle avec la sauce (peut être remplacée par un peu de sauce barbecue) et de quelques feuilles de coriandre.

TACOS POTIRON, COURGETTE ET GRAINES DE COURGE

POUR 4 PERSONNES • PRÉPARATION : 10 MIN • CUISSON : 30-40 MIN

Pour la garniture : 250 g de potiron (ou de butternut) + 2 petites courgettes 4 cuil. à soupe de graines de courge + 1 gousse d'ail hachée + 1 avocat + 50 g de feta émiettée + 1 cuil. à café d'origan séché + Sumac + Huile d'olive + Sel, poivre
Pour servir : 8 tortillas de maïs du commerce

❒ Coupez le potiron en dés et faites-le cuire à la vapeur 20 à 30 minutes, jusqu'à ce qu'il soit bien tendre.

❒ Pendant ce temps, coupez les courgettes en rondelles, puis en quatre. Chauffez un filet d'huile dans une poêle, puis ajoutez l'ail et les courgettes, assaisonnez et faites cuire 10 minutes environ. Retirez du feu et parsemez d'origan, mélangez.

❒ Servez les tortillas chaudes avec du potiron écrasé, des courgettes, de l'avocat coupé en petits morceaux et de la feta émiettée. Garnissez de graines de courge et assaisonnez avec du sel, du poivre et du sumac.

FAJITAS DE PATATE DOUCE ET DE CHOU ROUGE

POUR 4 PERSONNES • PRÉPARATION : 25 MIN • CUISSON : 16 MIN

8 tortillas de blé + 2 grosses patates douces + 175 g de chou rouge râpé + 1 avocat
1 oignon rouge + 3 gousses d'ail + Le jus de 1 citron vert + 20 cl de bouillon de légumes
2 cuil. à soupe de concentré de tomates + 2 cuil. à soupe de feuilles de coriandre
2 cuil. à café d'huile d'olive + un peu pour la sauteuse + 2 cuil. à café de cumin
1 cuil. à café de sirop d'érable + ½ cuil. à café de paprika fort fumé

❒ Dans un grand bol, mélangez l'huile d'olive, le sirop d'érable, le jus de citron vert et le chou rouge râpé. Réservez.

❒ Épluchez et émincez finement l'oignon et les gousses d'ail. Épluchez et coupez en cubes les patates douces. Épluchez l'avocat et coupez la chair en petits cubes.

❒ Faites chauffer une sauteuse légèrement huilée sur feu moyen. Faites-y revenir l'oignon pendant 5 minutes. Ajoutez l'ail, le cumin, le paprika et laissez cuire 1 minute. Ajoutez les cubes de patate douce, le concentré de tomates et le bouillon. Couvrez et laissez cuire 10 minutes environ. Les patates douces doivent être tendres.

❒ Garnissez les tortillas de patates douces, de chou rouge, de dés d'avocat et de feuilles de coriandre. Emballez les tortillas dans du film alimentaire jusqu'à la dégustation.

FAJITAS AUX CRUDITÉS

POUR 4 PERSONNES • PRÉPARATION : 15 MIN • CUISSON : 10 MIN

4 tortillas de blé + Les feuilles de 1 cœur de laitue + 100 g de chou rouge + 2 carottes
1 pomme acidulée + Coriandre + 150 g de fromage blanc
Pour la sauce aigre-douce : 2 cuil. à soupe d'huile d'olive + 1 cuil. à soupe de mélasse de grenade + 1 cuil. à soupe de vinaigre balsamique

- Préchauffez le four à 120 °C (th. 4).
- Lavez les feuilles de laitue. Émincez finement le chou rouge. Pelez et râpez les carottes. Pelez et taillez la pomme en fines lamelles. Effeuillez la coriandre.
- Dans un bol, mélangez tous les ingrédients de la sauce.
- Enveloppez les tortillas dans une feuille de papier aluminium et chauffez-les 10 minutes au four.
- Nappez le centre de chaque tortilla chaude de fromage blanc, disposez-y des feuilles de laitue, puis garnissez de chou émincé, de carottes râpées et de bâtonnets de pomme. Arrosez de sauce aigre-douce et parsemez de feuilles de coriandre. Pliez les tortillas et dégustez !

ROULEAUX DE PRINTEMPS

POUR 2-3 PERSONNES • PRÉPARATION : 10 MIN • CUISSON : 5 MIN

50 g de vermicelles de riz + 1 vingtaine de feuilles de menthe + 50 g de salade au choix
½ poivron rouge + 1 petite carotte (80 g environ) + 1 petit avocat + 6 galettes de riz
Sauce soja ou tamari

❒ Faites cuire les vermicelles à l'eau bouillante 5 minutes. Égouttez-les, puis passez-les abondamment sous l'eau froide avant de les égoutter de nouveau.

❒ Lavez la menthe, la salade, le poivron et la carotte. Hachez la salade, détaillez le poivron en fines lamelles et râpez la carotte.

❒ Découpez la chair de l'avocat en fines lamelles.

❒ Trempez les galettes de riz une à une dans de l'eau à température ambiante et déposez-les sur un torchon propre mouillé.

❒ Garnissez-les de menthe, de vermicelles, de lamelles d'avocat et de poivron, de carotte râpée et de salade hachée.

❒ Repliez les côtés sur la garniture avant de rouler. Dégustez aussitôt, avec un peu de sauce soja ou de tamari.

BURGERS

POUR 4 PERSONNES • PRÉPARATION : 20 MIN • CUISSON : 20 MIN

4 pains à burger + 4 tranches d'emmental + 4 cuil. à soupe de sauce barbecue
Quelques feuilles de laitue
Pour les steaks de tofu fumé : 200 g de tofu fumé + 100 g de flocons 5 céréales
1 cuil. à soupe de farine de blé T65 à T150 + 1 œuf + 2 cuil. à soupe d'huile d'olive
+ un peu pour la plaque + 2 cuil. à café de tamari + ¼ cuil. à café de chili en poudre
Pour la sauce salsa : 1 tomate + 1 poivron rouge + ½ oignon rouge + 1 cuil. à soupe de sirop d'érable + 1 cuil. à soupe d'huile d'olive + Sel, poivre

❐ Préchauffez le four à 180 °C (th. 6).

❐ Préparez les steaks. Rincez le tofu à l'eau claire. Dans un saladier, émiettez-le avec les doigts. Ajoutez tous les ingrédients et mélangez bien. À l'aide d'un cercle à pâtisserie de 8 cm de diamètre, formez 4 steaks et déposez-les sur une plaque de cuisson huilée. Enfournez pour 20 minutes. Deux minutes avant la fin de la cuisson, déposez une tranche d'emmental sur chaque steak, le temps qu'elle fonde.

❐ En attendant, préparez la sauce salsa. Rincez la tomate et le poivron et détaillez-les en tout petits cubes. Épluchez et ciselez finement l'oignon. Mettez ces ingrédients dans un bol, ajoutez l'huile et le sirop d'érable. Salez, poivrez et mélangez bien.

❐ Coupez les pains en deux et faites-les chauffer au four 3 minutes, en même temps que la fin de cuisson des steaks.

❐ Montez chaque burger : sur le pain du dessous, étalez la sauce barbecue, disposez la salade, placez un steak avec le fromage fondu, recouvrez de sauce salsa, refermez le burger avec l'autre moitié du pain. Servez aussitôt.

CASSE-CROÛTE AU HALLOUMI GRILLÉ

POUR 4 PERSONNES • PRÉPARATION : 15 MIN • CUISSON : 10 MIN

250 g de halloumi + 8 tranches de pain de campagne + ¼ de concombre + 2 oignons nouveaux (ou ciboules) + 4 feuilles de salade + 2 poignées de graines germées
1 cuil. à soupe d'huile d'olive
Pour le pesto de graines de courge : 25 g de graines de courge + 40 g d'un mélange d'herbes fraîches (basilic, ciboulette, menthe) + 1 gousse d'ail + 5 cl d'huile d'olive
Sel, poivre

❐ Préparez le pesto. Effeuillez, rincez et séchez les herbes. Épluchez et dégermez l'ail. Au hachoir, coupez les graines de courge et l'ail. Ajoutez les herbes et hachez à nouveau. Enfin, ajoutez l'huile, salez et poivrez à votre convenance et mixez une dernière fois.

❐ Lavez et coupez en fines rondelles le concombre non épluché. Émincez finement les oignons nouveaux avec 10 cm de vert. Lavez et séchez les feuilles de salade.

❐ Coupez le halloumi en 8 tranches ; faites-les dorer dans une poêle à sec, 1 à 2 minutes de chaque côté.

❐ Chauffez les tranches de pain au grille-pain. Tartinez 4 tranches de pesto, garnissez-les de tranches de halloumi, de rondelles de concombre et d'oignon, de graines germées et de feuilles de salade. Arrosez d'huile d'olive. Recouvrez de la seconde tranche de pain.

BAGELS POIRE ET ROQUEFORT

POUR 2 PERSONNES • PRÉPARATION : 15 MIN • CUISSON : 5 MIN

2 pains ronds à bagel + 1 poire + 50 g de roquefort + 2 poignées de mâche + 1 avocat bien mûr + 4 noix de Grenoble + 2 cuil. à café de vinaigre de cidre + 1 pincée de piment d'Espelette + Sel

❒ Préchauffez le four à 200 °C (th. 6-7).

❒ Lavez soigneusement les feuilles de mâche et séchez-les. Coupez l'avocat en deux, retirez le noyau et récupérez la chair. Mixez-la avec le vinaigre de cidre, le piment d'Espelette et une pincée de sel. Décoquillez les noix et hachez-les grossièrement. Lavez et coupez la poire en lamelles.

❒ Coupez les pains en deux dans l'épaisseur et faites griller côté mie sur une plaque de cuisson placée à 10 cm du gril, juste le temps que le pain dore.

❒ Tartinez l'intérieur des pains de purée d'avocat, garnissez de feuilles de mâche, de noix hachées, de roquefort et de lamelles de poire. Refermez le bagel et dégustez aussitôt.

BANH MI

POUR 4 PERSONNES • PRÉPARATION : 30 MIN • REPOS : 15 MIN • CUISSON : 8 MIN

2 baguettes + 4 œufs frais + 1 jaune + 4 ciboules émincées + 2 carottes + 20 cl d'huile neutre + 1 cuil. à soupe + 5 cuil. à soupe de vinaigre de cidre + 2 cuil. à soupe de feuilles de coriandre + 1 cuil. à café de sauce au piment sriracha + 2 cuil. à soupe de sucre de canne + ½ cuil. à café + 2 cuil. à café de sauce soja + ¼ cuil. à café de sel + 1 pincée de poivre

❒ Préparez la mayonnaise au piment, en fouettant dans un bol le jaune d'œuf et la sauce sriracha. Tout en continuant de fouetter, versez 20 cl d'huile en fin filet. Réservez au réfrigérateur.

❒ Pelez et râpez les carottes. Dans un grand bol, mélangez le vinaigre, 2 cuillerées à soupe de sucre et les carottes râpées. Laissez reposer 15 minutes.

❒ Pendant ce temps, battez les œufs dans une jatte avec les ciboules, le sucre restant, le sel, le poivre et la sauce soja. Faites chauffer 1 cuillerée à soupe d'huile dans une poêle sur feu moyen. Versez les œufs assaisonnés et laissez cuire pendant 5 minutes, jusqu'à ce que le dessous de l'omelette soit coloré. Retournez-la et laissez cuire encore 3 minutes supplémentaires. Retirez du feu et coupez l'omelette en lamelles.

❒ Coupez les baguettes en deux puis ouvrez-les et retirez un peu de mie. Tartinez l'intérieur de mayonnaise au piment et ajoutez les lamelles d'omelette, les carottes marinées et les feuilles de coriandre.

TABOULÉ DE QUINOA AUX POIS CHICHES

POUR 4 PERSONNES • PRÉPARATION : 15 MIN • CUISSON : 15 MIN

200 g de quinoa + 50 g de pois chiches en conserve + 1 bouquet de menthe
1 petite grenade + 1 petite courgette + 2 oignons nouveaux avec leur tige
2 cuil. à soupe d'huile d'olive + Le jus de 1 citron + Sel, poivre

❒ Faites cuire le quinoa pendant 15 minutes dans l'eau bouillante salée, puis égouttez et réservez.

❒ Lavez et ciselez finement la menthe. Égouttez les pois chiches. Ouvrez la grenade et ôtez les graines. Lavez la courgette et coupez-la en brunoise. Lavez les oignons nouveaux et tranchez-les finement.

❒ Dans un saladier, mélangez le quinoa, les dés de courgette et les pois chiches avec la menthe, puis ajoutez les oignons et les graines de grenade. Arrosez du jus de citron et d'huile d'olive, puis salez et poivrez.

BOWL FRAÎCHEUR

POUR 1 PERSONNE • PRÉPARATION : 15 MIN

10 g (soit une belle poignée) de mâche + 50 g de concombre + 50 g de chou rouge
50 g de carotte + 60 g de pois chiches cuits + 1 petit avocat + 1 petite cuil. à café de gomasio + ½ cuil. à soupe de purée de sésame + Le jus de 1 petit citron
1 pointe de harissa

❒ Lavez la mâche, le concombre, le chou rouge et la carotte. Épépinez le concombre et détaillez-le en dés. Hachez le chou finement et râpez la carotte.

❒ Répartissez les crudités dans un bol. Ajoutez les pois chiches ainsi que la chair de l'avocat découpée en lamelles. Saupoudrez de gomasio.

❒ Dans un bol, mélangez à la fourchette la purée de sésame, le jus de citron et la harissa.

❒ Arrosez la préparation de sauce et dégustez aussitôt.

BUDDHA BOWL AUX RADIS RÔTIS ET DUKKAH

POUR 4 PERSONNES • PRÉPARATION : 20 MIN • CUISSON : 30 MIN

600 g de riz complet cuit + 2 bottes de radis roses + 2 avocats + 60 g de houmous
5 cuil. à soupe d'huile d'olive + Fleur de sel
Pour le dukkah : 30 g de noisettes + 30 g de pistaches + 4 cuil. à soupe de graines de sésame + 2 cuil. à soupe de graines de coriandre + 1 cuil. à soupe de graines de fenouil
2 cuil. à café de graines de cumin + 2 cuil. à café de thym séché + 1 cuil. à café de sel

❒ Préchauffez le four à 180 °C (th. 6). Lavez les radis et retirez les fanes. Coupez les radis en quartiers. Placez-les dans un plat à gratin et arrosez avec 1 cuillerée à soupe d'huile d'olive. Saupoudrez de fleur de sel et enfournez pour 30 minutes environ. Les radis doivent être tendres et dorés.

❒ Pendant ce temps, préparez le mélange dukkah en plaçant tous les ingrédients dans le bol d'un robot mixeur. Mixez par petites touches rapides afin d'obtenir un mélange haché finement, mais pas réduit en poudre.

❒ Épluchez et retirez les noyaux des avocats. Puis coupez leur chair en tranches fines.

❒ Dans les assiettes, disposez le riz, les radis rôtis, 1 cuillerée à soupe de houmous, ½ avocat. Arrosez d'huile d'olive et saupoudrez de dukkah.

SALADE DE QUINOA PROVENÇALE

POUR 4 PERSONNES • PRÉPARATION : 5 MIN • CUISSON : 15 MIN

200 g de quinoa + 2 courgettes + 4 tomates + 100 g d'olives noires + 1 oignon rouge
1 botte de basilic + 1 cuil. à soupe d'herbes de Provence + 1 citron + 1 filet d'huile d'olive
Sel, poivre

❒ Faites cuire le quinoa dans une grande casserole d'eau salée le temps indiqué sur le paquet.

❒ Coupez les tomates en rondelles. Épluchez et émincez l'oignon. Taillez les courgettes en tagliatelles à l'aide d'un épluche-légumes. Ciselez le basilic.

❒ Mélangez le quinoa, les tomates, les olives, l'oignon, les courgettes, le basilic et les herbes de Provence.

❒ Pressez le citron sur la salade, arrosez d'huile d'olive, salez et poivrez.

SALADE HARICOTS VERTS, TOFU ÉPICÉ

POUR 4 PERSONNES • PRÉPARATION : 5 MIN • CUISSON : 10 MIN

500 g de haricots verts + 200 g de tofu + ½ botte de radis roses + 1 échalote
1 poignée de noisettes + 1 cuil. à soupe de graines de cumin + 1 cuil. à soupe de paprika
2 cuil. à soupe de vinaigre balsamique + 2 filets d'huile d'olive + Sel, poivre

❒ Équeutez les haricots verts et faites-les cuire dans une casserole d'eau bouillante salée pendant 10 minutes.

❒ Coupez le tofu en morceaux et faites-les griller à la poêle avec les noisettes entières, le cumin et le paprika avec un filet d'huile d'olive pendant 5 minutes.

❒ Épluchez l'échalote. Émincez finement l'échalote et les radis.

❒ Mélangez les haricots, le tofu, les radis et l'échalote. Salez, poivrez, arrosez de vinaigre et d'huile d'olive restante.

SALADE FÈVES, ARTICHAUTS, FETA

POUR 1 PERSONNE • PRÉPARATION : 10 MIN • CUISSON : 15 MIN

200 g de fèves fraîches + 150 g d'artichauts cuits au naturel + 100 g de feta
200 g de quinoa + 1 gousse d'ail + ¼ de citron confit au sel + Quelques brins de ciboulette
1 filet d'huile d'olive + Sel, poivre

❒ Émincez les artichauts.

❒ Faites cuire le quinoa dans une grande casserole d'eau bouillante pendant 5 minutes, ajoutez les fèves et prolongez la cuisson de 10 minutes.

❒ Concassez la feta. Hachez l'ail et le citron confit. Ciselez la ciboulette.

❒ Mélangez les fèves et le quinoa avec les artichauts, la feta, la ciboulette et le citron. Salez, poivrez et arrosez d'huile d'olive.

SALADE À LA PATATE DOUCE

POUR 4 PERSONNES • PRÉPARATION : 10 MIN • CUISSON : 5 MIN • REPOS : 10 MIN

1 patate douce + 1 petit oignon rouge + 4 cuil. à soupe de noix de pécan
2 poignées de pousses de betterave + 4 cuil. à soupe de cranberries
Pour la sauce : 3 cuil. à soupe d'huile de tournesol + 1 cuil. à soupe de jus de citron vert
Sel, poivre

❒ Épluchez la patate douce et coupez-la en deux, puis en tranches de 1 cm environ.

❒ Dans un cuit-vapeur, faites-la cuire 5 minutes en vérifiant la cuisson, puis laissez refroidir.

❒ Préparez la sauce dans un bol en y mélangeant tous les ingrédients.

❒ Coupez l'oignon en petits cubes. Hachez grossièrement les noix de pécan.

❒ Déposez la patate douce dans un saladier, ajoutez les pousses de betterave, l'oignon, les cranberries et les noix de pécan. Versez la sauce et mélangez rapidement.

SALADE DE BUTTERNUT, FÈVES ET QUINOA

POUR 4 PERSONNES • PRÉPARATION : 10 MIN • CUISSON : 40 MIN

2 butternuts coupés en demi-tranches + 100 g de quinoa + 150 g de fèves écossées et cuites + 80 g de feta émiettée + 1 oignon rouge coupé en petits cubes + ¼ de botte de persil ciselé

Pour la cuisson du butternut : 4 cuil. à soupe d'huile d'olive + Sel, poivre

Pour la vinaigrette : 1 cuil. à soupe de miel + 1 cuil. à soupe de moutarde à l'ancienne ¼ de jus de citron pressé + 2 cuil. à soupe d'huile d'olive + Sel, poivre

❐ Mélangez l'huile d'olive, du sel et du poivre dans un saladier, ajoutez les butternuts.

❐ Préchauffez le four à 180 °C (th. 6). Faites saisir les butternuts à la poêle pour les colorer. Puis rôtissez-les au four pendant 30 à 40 minutes.

❐ Faites cuire le quinoa dans deux fois son volume d'eau. Portez une casserole d'eau à ébullition, plongez-y le quinoa, baissez le feu et laissez cuire à couvert sur feu doux de 10 à 15 minutes, jusqu'à ce que l'eau soit absorbée. Coupez le feu et laissez gonfler à couvert encore 10 minutes.

❐ Préparez la vinaigrette : mélangez le miel, la moutarde, le citron, l'huile dans un bol et assaisonnez.

❐ Mélangez le quinoa, les fèves et la vinaigrette dans un saladier.

❐ Servez la préparation dans les assiettes et ajoutez les butternuts, la feta, l'oignon et le persil.

SALADE DE QUINOA, CRUDITÉS ET POIS CHICHES

POUR 4 PERSONNES • PRÉPARATION : 25 MIN • CUISSON : 15 MIN

250 g de graines de quinoa + 1 concombre + 1 petit pied de céleri-branche + 1 bulbe de fenouil + 2 petits poivrons verts + 150 à 200 g de pois chiches cuits + 1 poignée d'un mélange de petites graines (sésame, pavot, tournesol) et de graines de courge + Sel

Pour la vinaigrette : 5 cl d'huile de pépins de courge + 2 cuil. à soupe de vinaigre de cidre
Sel

❒ Rincez abondamment les graines de quinoa à l'eau froide. Versez-les dans une casserole et ajoutez 45 cl d'eau avec ½ cuillerée à café de sel. Portez à ébullition, puis laissez cuire à feu moyen 10 minutes environ. Retirez du feu et laissez gonfler à couvert les graines de quinoa 5 minutes. Réservez jusqu'à refroidissement complet.

❒ Pelez et coupez le concombre en petits morceaux. Lavez le céleri, émincez les branches et hachez au couteau les feuilles, séparément. Retirez les premières côtes du fenouil, lavez le bulbe et émincez-le finement. Lavez, égrenez et coupez les poivrons en lanières.

❒ Préparez la vinaigrette en mélangeant tous les ingrédients.

❒ Dans un saladier, mélangez le quinoa avec les légumes et les pois chiches. Arrosez de vinaigrette et remuez délicatement. Servez saupoudré du mélange de graines et des feuilles de céleri ciselées.

SALADE DE BETTERAVES CRUES/ CUITES ET CHÈVRE

POUR 4 PERSONNES • PRÉPARATION : 3 MIN

2 betteraves crues râpées + 2 betteraves cuites détaillées en demi-rondelles
60 g de chèvre frais émietté + ½ botte de ciboule ciselée + 125 g de salade
Quelques kumquats au sirop, coupés en rondelles et en quartiers + Sel, poivre
Pour la vinaigrette : 2 cuil. à soupe d'huile de lin + ½ cuil. à soupe de miel + 1 cuil. à soupe de vinaigre de cidre + Sel, poivre

❒ Mélangez l'huile et le miel dans un bol et incorporez le vinaigre. Salez et poivrez.

❒ Mélangez la salade, les betteraves crues et cuites dans un saladier, ajoutez la vinaigrette.

❒ Dressez dans les assiettes, parsemez de chèvre et de ciboule, ajoutez les kumquats en rondelles et en quartiers, puis assaisonnez.

SALADE VITAMINÉE

POUR 4 PERSONNES • PRÉPARATION : 20 MIN

250 g de riz noir ou rouge cuit + 150 g de choux de Bruxelles + 10 radis roses + 3 oranges sanguines + 1 grenade + 3 cuil. à soupe d'huile d'olive + 2 cuil. à soupe de vinaigre de cidre ½ cuil. à café de coriandre en poudre + 1 cuil. à café de sel

❒ Râpez les choux de Bruxelles. Épluchez la grenade et retirez les graines. Coupez les radis roses en tranches fines. Pelez et prélevez les segments de 2 oranges sanguines. Réservez.

❒ Pressez l'orange sanguine restante. Dans un bol, mélangez le jus d'orange, l'huile d'olive, le vinaigre de cidre, le sel et la coriandre en poudre.

❒ Dans un saladier, mélangez le riz, les choux de Bruxelles râpés, les radis roses, les segments d'orange sanguine et les graines de grenade. Assaisonnez avec la vinaigrette au jus d'orange avant de servir.

SALADE DE RIZ SAUVAGE ET GRAINES DE SARRASIN, ŒUFS MOLLETS

POUR 4 PERSONNES • PRÉPARATION : 20 MIN • CUISSON : 20 MIN

100 g de riz sauvage + 100 g de graines de sarrasin décortiquées + 4 œufs
1 poignée de mesclun + 2 oignons nouveaux et leur tige + 2 cuil. à soupe d'huile d'olive
1 cuil. à soupe de vinaigre de riz + Sel, poivre

❒ Faites cuire le riz pendant 20 minutes dans de l'eau bouillante salée puis égouttez et réservez.

❒ Rincez les graines de sarrasin et faites-le cuire dans 1 l d'eau salée pendant 5 minutes puis stoppez le feu, couvrez et laissez gonfler pendant 20 minutes.

❒ Faites cuire les œufs dans une casserole d'eau bouillante (très salée afin de les écaler facilement) pendant 6 minutes. Puis passez-les sous l'eau froide et roulez chaque œuf sur le plan de travail pour fragiliser sa coquille. Enlevez ensuite délicatement la coquille sous un filet d'eau froide.

❒ Dans des bols individuels, répartissez le riz et le sarrasin, le mesclun et les oignons nouveaux tranchés finement. Ajoutez ensuite 1 œuf dans chaque bol et coupez-le en deux.

❒ Assaisonnez avec l'huile et le vinaigre puis salez et poivrez à votre convenance.

SALADE VIETNAMIENNE AU CHOU-RAVE ET AUX CAROTTES MARINÉES

POUR 4 PERSONNES • PRÉPARATION : 5 MIN • MACÉRATION : 1 H

2 choux-raves + 2 carottes + 1 petit chou chinois pe-tsaï (ou la moitié d'un gros)
2 échalotes + 40 g de cacahuètes + Quelques branches de menthe et de coriandre
Pour la marinade : 10 cl de vinaigre de riz + 2 cuil. à soupe de sucre de canne blond
1 ½ cuil. à café de sel

❒ Préparez la marinade. Dans une casserole, portez à ébullition 5 cl d'eau avec tous les ingrédients, puis laissez tiédir.

❒ Épluchez et râpez les choux-raves et les carottes. Dans un récipient à fermeture hermétique, faites mariner au frais les légumes râpés dans la marinade au vinaigre au moins 1 heure.

❒ Retirez les premières feuilles du chou chinois si elles sont abîmées et émincez finement le reste. Pelez et ciselez les échalotes. Rincez, effeuillez et ciselez les herbes. À l'aide d'un couteau, concassez les cacahuètes.

❒ Dans un saladier, mélangez les légumes marinés avec le pe-tsaï et les échalotes. Répartissez dans les assiettes. Parsemez d'herbes ciselées et de cacahuètes concassées avant de déguster.

SALADE CÉSAR

POUR 4 PERSONNES • PRÉPARATION : 15 MIN • CUISSON : 8 MIN

1 belle salade batavia + 2 grosses poignées de roquette + 1 avocat + 6 tranches de pain au levain + 100 g de tofu soyeux + 2 gousses d'ail + Le jus de ½ citron + 4 cuil. à soupe de feuilles de persil + 4 cuil. à soupe de feuilles de coriandre + 2 cuil. à café de thym 1 cuil. à café d'huile d'olive + 1 ½ cuil. à café de sel + ½ cuil. à café de poivre

❒ Préchauffez le four en fonction gril.

❒ Coupez en cubes les tranches de pain au levain. Épluchez et écrasez les gousses d'ail. Dans un petit saladier, mettez les gousses écrasées, les cubes de pain, le thym, l'huile d'olive et une pincée de sel. Mélangez bien et étalez sur une plaque à pâtisserie recouverte de papier sulfurisé. Enfournez et laissez cuire 8 minutes en remuant de temps en temps. Réservez.

❒ Lavez et essorez la batavia et la roquette, puis déchirez les feuilles de batavia en morceaux de taille moyenne. Réservez.

❒ Dans le bol d'un robot mixeur, placez le tofu soyeux, les feuilles de persil et de coriandre, le jus de citron, 1 cuillerée à café de sel et le poivre. Mixez jusqu'à l'obtention d'une crème verte bien homogène et onctueuse.

❒ Épluchez et retirez le noyau de l'avocat puis détaillez-le en petits cubes. Dans un grand saladier, mélangez les feuilles de batavia, la roquette, les cubes d'avocat et les croûtons. Versez la sauce verte au tofu soyeux et remuez bien. Servez aussitôt.

SALADE NIÇOISE

POUR 4 PERSONNES • PRÉPARATION : 20 MIN • CUISSON : 7 MIN

500 g d'artichauts à l'huile égouttés + 4 œufs + 4 tomates + 12 olives violettes
1 petit oignon rouge + 7 cuil. à soupe d'huile d'olive + 3 cuil. à soupe de vinaigre balsamique
2 cuil. à soupe de câpres + 1 cuil. à soupe de feuilles de basilic + ½ cuil. à café de sel
¼ cuil. à café de poivre

❒ Chauffez une casserole d'eau et faites-y cuire les œufs pendant 7 minutes à partir de l'ébullition. Écalez les œufs et réservez.

❒ Dans un bol, mélangez l'huile d'olive, le vinaigre balsamique, le sel et le poivre. Pelez et émincez finement l'oignon rouge.

❒ Dans un saladier, mélangez les artichauts, les tomates coupées en tranches, les olives, l'oignon rouge, les câpres, les feuilles de basilic et la vinaigrette.

❒ Coupez les œufs en quatre et servez-les avec la salade.

QUICHE FINE FENOUIL-POIREAU

POUR 4 PERSONNES • PRÉPARATION : 10 MIN • CUISSON : 30 MIN

1 pâte brisée salée + 1 bulbe de fenouil + 1 poireau + 20 cl de crème légère liquide + 2 œufs
1 gousse d'ail + 1 filet d'huile d'olive + Sel, poivre

❒ Préchauffez le four à 180 °C (th. 6).

❒ Épluchez l'ail. Éliminez la première couche du poireau et rincez-le. À l'aide d'un robot de cuisine, émincez l'ail, le fenouil et le poireau.

❒ Faites cuire à la poêle le poireau, le fenouil et l'ail pendant 10 minutes avec l'huile d'olive. Coupez le feu et mélangez avec la crème et les œufs. Salez et poivrez.

❒ Étalez la pâte dans un plat, versez dessus le mélange, puis enfournez pour 20 minutes.

QUICHE SANS PÂTE QUINOA, CHOU KALE, MENTHE, TOMATE

POUR 4 PERSONNES • PRÉPARATION : 30 MIN • CUISSON : 45 MIN

60 g de quinoa + 175 g de chou kale + 300 g de coulis de tomates + 1 gros œuf + 4 belles branches de menthe + 3 cuil. à soupe de pignons + 125 g de ricotta + 10 cl de crème fraîche liquide + 30 g de parmesan + 20 g de beurre + Sel, poivre

❒ Préparez le quinoa : rincez-le plusieurs fois. Mettez-le dans une casserole avec deux fois son volume d'eau froide et laissez-le cuire 15 minutes. Éteignez le feu, laissez gonfler 10 minutes puis égouttez.

❒ Préchauffez le four à 180 °C (th. 6). Retirez les parties dures du chou. Lavez les feuilles. Hachez-les grossièrement. Plongez-les dans une casserole d'eau froide et portez à ébullition. Égouttez-les.

❒ Écrasez la ricotta. Fouettez l'œuf avec la crème puis versez sur la ricotta. Mélangez bien. Lavez la menthe, séchez-la puis ciselez-la. Grillez les pignons 1 à 2 minutes dans une poêle sans matière grasse sur feu vif.

❒ Dans un saladier, mélangez le chou, le quinoa, la préparation à la ricotta, la menthe, le parmesan et les pignons. Salez et poivrez. Beurrez un moule à manqué. Versez-y la préparation. Mettez au four et laissez cuire 30 minutes. Servez avec le coulis de tomates chaud.

PIZZA AUX LÉGUMES

POUR 2 PERSONNES • PRÉPARATION : 15 MIN • CUISSON : 15 MIN

Pour la pâte : 210 g de farine de blé T65 + un peu pour le plan de travail
1 cuil. à café de sel + 2 cuil. à soupe d'huile d'olive
Pour la garniture : 4 cuil. à soupe de sauce tomate + 1 tomate + 1 petite courgette
½ poivron + 1 cuil. à café d'herbes de Provence + 6 olives noires + 1 cuil. à soupe de câpres
2 poignées de roquette + 2 cuil. à café de gomasio

❒ Mélangez la farine, 10 cl d'eau, l'huile et le sel dans un saladier, puis formez une boule avec la pâte obtenue. Farinez le plan de travail et déposez-y la boule de pâte. Étalez-la grossièrement au rouleau à pâtisserie, puis déposez-la sur une feuille de papier sulfurisé et étalez-la davantage.

❒ Travaillez les bords de la pâte avec les doigts, pour bien arrondir la pizza. Répartissez la sauce tomate sur toute la surface de la pâte.

❒ Lavez les légumes et découpez-les en lamelles de 2 mm d'épaisseur, à la mandoline si possible. Répartissez-les sur la sauce tomate.

❒ Préchauffez le four à 200 °C (th. 6-7). Saupoudrez la pizza d'herbes de Provence, disposez les olives et les câpres. Enfournez pour 15 minutes.

❒ Garnissez la pizza de roquette, préalablement lavée, et de gomasio, puis servez aussitôt.

PIZZA BLANCHE AUX PÉTALES DE LÉGUMES

POUR 4 PERSONNES • PRÉPARATION : 30 MIN • REPOS : 2 H • CUISSON : 20 MIN

225 g de farine de blé T80 ou T110 + 200 g d'un assortiment de carotte, patate douce et courge + 150 g de crème fraîche épaisse (ou de yaourt grec) + 100 g de mozzarella 1 échalote + ½ botte de persil plat + ½ botte de coriandre + 1 poignée de semoule de blé fine (ou de farine) + 10 g de levure de boulanger fraîche + 1 cuil. à soupe d'huile d'olive ½ cuil. à café de sucre de canne blond + 1 cuil. à café de sel

❒ Dans un bol, délayez la levure et le sucre dans 10 cl d'eau tiède et laissez reposer 15 minutes. Dans un saladier, disposez la farine et le sel et remuez. Faites un puits et versez la préparation eau-levure-sucre. Pétrissez pendant 10 minutes en ajoutant un peu d'eau si nécessaire. Vous pouvez réaliser le pétrissage avec une machine à pain. Formez une boule, déposez-la dans un grand récipient couvert d'un torchon. Laissez lever la pâte 1 à 2 heures dans un endroit chaud (25 à 30 °C) à l'abri des courants d'air : elle doit doubler de volume.

❒ Préchauffez le four à 240 °C (th. 8).

❒ Pelez les légumes. Tranchez-les en lamelles de 2 mm d'épaisseur à l'aide d'une mandoline ou d'un couteau bien aiguisé. Coupez la mozzarella en fines lamelles. Rincez, effeuillez et hachez très finement le persil et la coriandre. Épluchez et ciselez l'échalote.

❒ Saupoudrez le plan de travail de semoule de blé. Étalez la pâte au rouleau à pâtisserie et déposez-la sur une plaque de cuisson. Nappez la pizza de crème fraîche, saupoudrez d'herbes et d'échalote, répartissez les lamelles de mozzarella et de légumes. Enfournez pour 15 à 20 minutes.

❒ À la sortie du four, arrosez d'un filet d'huile d'olive. Découpez en parts et dégustez aussitôt.

PIZZA À L'ARTICHAUT ET PESTO DE ROQUETTE

POUR 4 PERSONNES • PRÉPARATION : 30 MIN • REPOS : 1 H 10 • CUISSON : 20 MIN

Pour la pâte : 260 g de farine T65 + un peu pour le plan de travail + 10 g de levure boulangère fraîche ou 1 ½ sachet de levure sèche + 2 cuil. à soupe d'huile d'olive + un peu pour la plaque + 1 cuil. à café de sel

Pour la garniture : 300 g de cœurs d'artichaut à l'huile + 200 g de feuilles de roquette 50 g de pignons de pin + 1 grosse boule de mozzarella di bufala + 20 cl d'huile d'olive 2 gousses d'ail épluchées + 1 cuil. à café de sel

❒ Dans un bol, diluez la levure avec 15 cl d'eau tiède et l'huile d'olive. Laissez reposer 10 minutes.

❒ Dans un grand saladier, mélangez la farine et 1 cuillerée à café de sel. Incorporez la levure diluée et pétrissez pendant 10 minutes afin d'obtenir une pâte lisse et souple. Recouvrez le saladier d'un torchon propre et laissez reposer 1 heure dans un endroit chaud. La pâte doit doubler de volume.

❒ Pendant ce temps, préparez le pesto en plaçant dans le bol d'un robot mixeur les feuilles de roquette, les gousses d'ail, les pignons de pin et 1 cuillerée à café de sel. Mixez tout en versant l'huile d'olive.

❒ Préchauffez le four à 220 °C (th. 7-8).

❒ Égouttez et coupez la mozzarella en tranches fines. Appuyez sur la pâte avec les poings afin de la dégazer. Étalez la pâte sur un plan de travail fariné. Étalez le pesto de roquette et répartissez les artichauts et les morceaux de mozzarella dessus.

❒ Enfournez sur une plaque de cuisson huilée et laissez cuire 20 minutes environ. La pâte doit être dorée et la mozzarella fondue. Servez immédiatement.

CALZONES AUX HERBES

POUR 5 CALZONES • PRÉPARATION : 30 MIN • REPOS : 2 H • CUISSON : 20 MIN

500 g de farine de blé T65 ou T80 + un peu pour le plan de travail + 400 g d'épinards frais
150 g de roquette + 250 g de ricotta + 200 g de mozzarella + 35 g de parmesan
21 g de levure de boulanger fraîche + 1 cuil. à café de sucre de canne blond + Sel, poivre

❒ Dans un bol, délayez la levure et le sucre dans 20 cl d'eau tiède et laissez reposer 15 minutes. Dans un saladier, disposez la farine et 2 cuillerées à café de sel et mélangez. Faites un puits et versez-y la préparation eau-levure-sucre. Pétrissez pendant 10 minutes en ajoutant un peu d'eau si nécessaire. Formez une boule, déposez-la dans un grand récipient couvert d'un torchon. Laissez lever la pâte 1 à 2 heures dans un endroit chaud (25 à 30 °C) à l'abri des courants d'air : elle doit doubler de volume.

❒ Rincez et séchez les feuilles de roquette. Détachez les tiges des feuilles des épinards et lavez les feuilles soigneusement. Faites-les cuire 3 minutes à la vapeur, laissez-les tiédir, puis essorez-les entre vos mains. Râpez le parmesan. Coupez la mozzarella en fines lamelles.

❒ Préchauffez le four à 240 °C (th. 8).

❒ Partagez la pâte à pizza en 5 parts égales. Sur le plan de travail fariné, étalez chaque pâton en cercle. Sur la moitié de chacun d'eux, en laissant 1 cm de libre sur le bord, étalez un peu de ricotta, répartissez la mozzarella et le parmesan, salez, poivrez et terminez par les épinards et la roquette. Repliez chaque cercle sur lui-même pour former 5 calzones. Pincez avec les doigts pour souder les rebords. Déposez les calzones sur une plaque de cuisson et enfournez pour 15 à 20 minutes. Servez dès la sortie du four.

PASTILLA DE LÉGUMES

POUR 4 PERSONNES • PRÉPARATION : 30 MIN • CUISSON : 1 H

6 feuilles de brick + 3 courgettes + 3 carottes + 3 gros champignons de Paris
2 gros oignons jaunes + 4 cuil. à soupe d'huile d'olive + 2 cuil. à soupe de raisins secs
1 cuil. à café de sucre glace + 1 cuil. à café de ras el-hanout + 1 cuil. à café de cannelle
½ cuil. à café de gingembre en poudre + ½ cuil. à café de coriandre en poudre
1 cuil. à café de sel + ½ cuil. à café de poivre

❒ Émincez très finement les champignons. Pelez et émincez finement les oignons. Pelez les carottes et râpez-les avec les courgettes. Réservez.

❒ Chauffez 1 cuillerée à soupe d'huile d'olive dans une poêle sur feu doux et faites-y fondre les oignons avec les raisins secs pendant 30 minutes. Les oignons doivent être compotés, mais pas colorés. Réservez.

❒ Préchauffez le four à 200 °C (th. 6-7). Chauffez 1 cuillerée à soupe d'huile d'olive dans une poêle sur feu moyen. Faites-y revenir les champignons, les courgettes et les carottes râpées avec le ras el-hanout, ½ cuillerée à café de cannelle, le gingembre, la coriandre, le sel et le poivre, pendant 10 minutes.

❒ Huilez un moule à tarte ou un moule à manqué, puis déposez 1 feuille de brick, sur un tiers de sa surface. Déposez 3 autres feuilles de brick de la même manière, de façon à ce qu'elles recouvrent le fond et les bords du moule. Huilez les feuilles à l'aide d'un pinceau. Déposez la compotée d'oignon aux raisins dans le fond. Puis étalez les légumes en une couche uniforme. Couvrez d'une feuille de brick, coincez les bords à l'intérieur et rabattez les bords des premières feuilles afin de refermer la pastilla. Couvrez d'une dernière feuille de brick en rabattant les bords sous la pastilla et enduisez d'huile d'olive.

❒ Enfournez et laissez cuire 20 minutes, jusqu'à ce que les feuilles de brick soient croustillantes. Saupoudrez de sucre glace et de cannelle.

CLAFOUTIS DE LÉGUMES AU MILLET ET AU CURRY

POUR 4 PERSONNES • PRÉPARATION : 20 MIN • CUISSON : 55 MIN

3 carottes + 2 courgettes + 1 oignon + 10 brins de coriandre + 120 g de millet + 2 œufs
20 cl de lait + 3 pincées de curry + 2 cuil. à soupe d'huile d'olive + Sel, poivre

❒ Faites cuire le millet pendant 15 minutes à l'eau bouillante salée, puis égouttez-le. Pelez les carottes et l'oignon. Rincez les carottes, l'oignon et les courgettes et râpez-les au robot. Rincez et hachez la coriandre.

❒ Faites dorer les légumes râpés pendant 10 minutes dans une poêle avec l'huile d'olive, en remuant. Salez, poivrez, ajoutez le curry. Laissez tiédir.

❒ Préchauffez le four à 180 °C (th. 6). Battez les œufs et le lait, salez et poivrez. Ajoutez la coriandre. Étalez le millet dans un moule rectangulaire. Ajoutez les légumes, puis le mélange œuf-lait. Faites cuire pendant 30 minutes au four. Dégustez tiède ou froid.

CLAFOUTIS AUX PETITS POIS, FÈVES, MENTHE ET FETA

POUR 6 PERSONNES • PRÉPARATION : 20 MIN • CUISSON : 30-35 MIN

500 g de petits pois + 500 g de fèves + 4 branches de menthe + 100 g de feta
130 g de farine T65 de blé (ou de petit épeautre) + 3 œufs + 40 cl de lait (ou de lait végétal) + ¾ cuil. à café de sel + 4 tours de moulin à poivre + Beurre pour les moules

❒ Écossez les fèves et les petits pois. Portez une casserole d'eau à ébullition et faites cuire fèves et petits pois 5 minutes. Égouttez-les et trempez-les immédiatement dans de l'eau bien froide pour stopper la cuisson. Rincez, effeuillez et ciselez la menthe. Émiettez la feta.

❒ Préchauffez le four à 180 °C (th. 6). Dans un saladier, versez la farine, faites un puits et ajoutez les œufs. Travaillez énergiquement la pâte avec une cuillère en bois. Incorporez progressivement le lait jusqu'à obtenir une pâte lisse et homogène. Ajoutez la menthe ciselée, le sel et le poivre et mélangez bien.

❒ Beurrez des ramequins ou des moules individuels. Garnissez-les de feta émiettée, de petits pois et de fèves, puis versez dessus l'appareil à clafoutis. Enfournez pour 20 à 25 minutes : les clafoutis doivent être joliment colorés (si vous n'avez pas de petits moules, utilisez un grand moule à tarte et prolongez alors la cuisson de 15 à 20 minutes). Servez-les tièdes.

TARTE RUSTIQUE AU POTIMARRON, À L'OIGNON ROUGE ET AU ROQUEFORT

POUR 4 PERSONNES • PRÉPARATION : 30 MIN • CUISSON : 55 MIN

200 g de farine de blé complète + un peu pour le plan de travail + 1 potimarron moyen
1 petit oignon rouge + 50 g de roquefort + 2 cuil. à soupe de purée de sésame
1 cuil. à soupe d'huile d'olive + 1 cuil. à café de sel + ½ cuil. à café de fleur de sel
¼ cuil. à café de poivre

❒ Préchauffez le four à 200 °C (th. 6-7).

❒ Coupez le potimarron en tranches fines en veillant à enlever les filaments et les graines. Pelez et émincez finement l'oignon rouge. Placez les tranches de potimarron dans un plat à gratin avec l'huile d'olive et la fleur de sel. Enfournez et laissez cuire 15 minutes.

❒ Pendant ce temps, préparez la pâte. Dans un saladier, mélangez la farine, le sel, la purée de sésame et 3 cuillerées à soupe d'eau froide. Travaillez la pâte avec le bout des doigts : elle doit être lisse et homogène. Rajoutez de l'eau si nécessaire.

❒ Sur un plan de travail fariné, étalez la pâte et disposez-y les tranches de potimarron rôties, l'oignon rouge, le roquefort émietté et le poivre. Repliez les bords de la pâte sur la garniture. Placez la tarte sur une plaque à pâtisserie recouverte de papier sulfurisé. Enfournez et laissez cuire 40 minutes. La pâte doit être bien dorée et le roquefort fondu.

TOURTE AUX POMMES DE TERRE

POUR 6 PERSONNES • PRÉPARATION : 40 MIN • CUISSON : 1 H

1 kg de pommes de terre + 350 g de farine de blé T80 + un peu pour le moule + 50 g de fromage à pâte pressée cuite (au choix : emmental, comté, gruyère...) + 15 g d'herbes fraîches (persil, ciboulette, basilic, coriandre...) + 2 échalotes + 20 cl de crème liquide
6 cuil. à soupe d'huile d'olive + 10 cl de vin blanc + 1 jaune d'œuf + Beurre pour le moule
Sel, poivre

❒ Râpez le fromage. Rincez, effeuillez et ciselez les herbes. Pelez et ciselez les échalotes. Dans un saladier, mélangez la crème avec le fromage, les herbes et les échalotes ciselées, 1 cuillerée à café de sel et 8 tours de moulin à poivre.

❒ Épluchez les pommes de terre. À l'aide d'un couteau, tranchez les pommes de terre en rondelles de 2 mm d'épaisseur. Déposez les rondelles au fur et à mesure dans la crème et remuez délicatement : les rondelles s'enrobent de crème.

❒ Préchauffez le four à 180 °C (th 6). Préparez la pâte. Dans un saladier, mélangez la farine avec 2 pincées de sel. Incorporez l'huile et mélangez du bout des doigts. Versez le vin et pétrissez jusqu'à obtenir une pâte souple et non collante (si besoin est, ajoutez un peu d'eau). Partagez la pâte en deux parts inégales : deux tiers et un tiers. Farinez le plan de travail et étalez les pâtons au rouleau à pâtisserie.

❒ Beurrez un moule. Garnissez-le avec le disque de pâte le plus grand et piquez le fond de la tourte avec une fourchette. Répartissez les lamelles de pomme de terre à l'intérieur. Recouvrez du second disque de pâte et soudez les deux parties en repliant la pâte du dessous sur la pâte du dessus pour former un bourrelet. Dans un bol, mélangez le jaune d'œuf avec 1 cuillerée à café d'eau et badigeonnez-en la tourte avec un pinceau. Enfournez pour 1 bonne heure. Démoulez en retournant la tourte sur une assiette puis en la faisant glisser sur le plat de service.

TARTE À LA TOMATE

POUR 4 PERSONNES • PRÉPARATION : 10 MIN • CUISSON : 25 MIN

1 pâte brisée salée + 6 tomates + 2 gousses d'ail + 30 g de chapelure + 25 g de parmesan râpé + ¼ de botte de romarin + 1/3 de botte de persil + 1 filet d'huile d'olive + Sel, poivre

❒ Préchauffez le four à 180 °C (th. 6).

❒ Étalez la pâte dans un plat et faites-la cuire à blanc pendant 10 minutes.

❒ Épluchez et hachez l'ail. Coupez les tomates en tranches. À l'aide d'un robot de cuisine, mixez la chapelure, le parmesan et les herbes.

❒ Garnissez la tarte avec les tomates et recouvrez de persillade. Salez, poivrez et arrosez d'huile d'olive. Enfournez pour 15 minutes.

TARTE COURGETTE-CHÈVRE

POUR 4 PERSONNES • PRÉPARATION : 10 MIN • CUISSON : 20 MIN

1 pâte brisée salée + 2 courgettes + 150 g de bûche de chèvre + 50 g de tomates confites
1 cuil. à soupe d'herbes de Provence + 4 brins de ciboulette + 1 filet d'huile d'olive
Sel, poivre

❒ Préchauffez le four à 180 °C (th. 6).

❒ Coupez les courgettes et le chèvre en rondelles.

❒ Étalez la pâte dans un plat, puis recouvrez-la avec les courgettes et le chèvre. Couvrez de tomates confites et parsemez d'herbes de Provence. Salez, poivrez et arrosez d'huile d'olive. Enfournez pour 20 minutes.

❒ Parsemez de ciboulette ciselée au moment de servir.

TATIN DE CHOU-RAVE

POUR 4 PERSONNES • PRÉPARATION : 30 MIN • CUISSON : 45 MIN

600 g de choux-raves + 40 g de beurre + un peu pour le moule + 10 cl de bouillon de légumes + 3 cuil. à soupe de miel + 1 cuil. à soupe d'huile d'olive + Poivre
Pour la pâte : 200 g de farine de blé T65 + un peu pour le plan de travail + 5 cl de vin blanc 4 cuil. à soupe d'huile d'olive + 2 pincées de sel

❒ Épluchez les choux-raves et taillez-les en rondelles de 1 cm d'épaisseur. Dans une poêle, laissez fondre le beurre avec l'huile et faites-y dorer les tranches de chou-rave. Ajoutez le miel et le bouillon de légumes. Poivrez. Portez à ébullition et laissez réduire pendant 10 minutes environ.

❒ Préparez la pâte. Dans un saladier, mélangez la farine avec le sel. Incorporez l'huile et mélangez du bout des doigts. Versez le vin et pétrissez jusqu'à obtenir une pâte souple et non collante (au besoin rajoutez un peu de vin ou d'eau). Sur un plan de travail fariné, étalez la pâte.

❒ Préchauffez le four à 180 °C (th. 6). Beurrez un moule à manqué de 25 cm de diamètre. Déposez les rondelles de chou-rave dans le fond du moule. Recouvrez-les avec la pâte en la rentrant bien à l'intérieur du moule. Enfournez pour 25 minutes.

❒ Retournez délicatement le moule sur un plat de service et dégustez aussitôt.

TARTE AUBERGINE-FETA

POUR 4 PERSONNES • PRÉPARATION : 10 MIN • CUISSON : 25 MIN

1 pâte brisée salée + 2 aubergines + 50 g de feta + 100 g de tomates cerises + 30 g d'olives noires + 1 oignon botte + 1 cuil. à soupe d'origan en poudre + 2 filets d'huile d'olive
Sel, poivre

❒ Préchauffez le four à 180 °C (th. 6).

❒ Coupez les aubergines en tranches fines et faites-les revenir à la poêle avec un filet d'huile d'olive pendant 5 minutes. Ajoutez un peu d'eau si les aubergines accrochent à la poêle.

❒ Épluchez et émincez l'oignon. Coupez les tomates cerises en deux.

❒ Étalez la pâte dans un plat, puis garnissez-la avec les aubergines, les tomates, la feta émiettée, les olives noires, l'oignon et l'origan. Salez, poivrez, arrosez d'huile d'olive restante et enfournez pour 20 minutes.

TARTE FEUILLETÉE AUX CHAMPIGNONS

POUR 4 PERSONNES • PRÉPARATION : 10 MIN • CUISSON : 30 MIN

1 pâte feuilletée + 600 g de champignons de Paris + 150 g de ricotta + 2 carottes
1 gousse d'ail + ¼ de botte de romarin + 2 filets d'huile d'olive + Sel, poivre

❒ Préchauffez le four à 180 °C (th 6).

❒ Éliminez la partie terreuse des champignons. Épluchez l'ail et les carottes. À l'aide d'un robot de cuisine, émincez finement les champignons, puis râpez l'ail et les carottes.

❒ Faites-les revenir à la poêle avec un filet d'huile d'olive pendant 5 minutes.

❒ Étalez la pâte dans un plat, puis garnissez-la avec les champignons, les carottes, la ricotta et l'ail. Parsemez de romarin fraîchement ciselé. Salez, poivrez, arrosez d'huile d'olive restante et enfournez pour 25 minutes.

TARTELETTES RATATOUILLE

POUR 4 PERSONNES • PRÉPARATION : 20 MIN • CUISSON : 30 MIN

1 pâte brisée + 150 g de caviar de tomates + 4 mini-courgettes + 2 mini-aubergines 1 mini-poivron jaune + 1 mini-poivron rouge + ½ oignon rouge + 2 cuil. à soupe d'huile d'olive + Beurre doux pour les moules + Sel, poivre

❒ Préchauffez le four à 200 °C (th. 6-7).

❒ Lavez et tranchez en fines rondelles les légumes et l'oignon.

❒ Beurrez 4 moules à tartelettes. Découpez dans la pâte à l'aide d'un emporte-pièce quatre cercles de diamètre supérieur à celui des moules. Foncez la pâte dans chaque moule, puis piquez-la à l'aide d'une fourchette.

❒ Déposez 1 cuillerée à soupe de caviar de tomates dans chaque moule. Déposez des rondelles de légumes par-dessus. Arrosez chaque tartelette d'un filet d'huile d'olive. Salez et poivrez.

❒ Enfournez pour 30 minutes, puis dégustez les tartelettes chaudes ou tièdes.

TARTE BLETTES-PARMESAN

POUR 4 PERSONNES • PRÉPARATION : 10 MIN • CUISSON : 30 MIN

1 pâte brisée salée + 600 g de blettes + 20 g de parmesan râpé + 1 oignon botte
1 poignée de noix concassées + 1 filet d'huile d'olive + Sel, poivre

❒ Préchauffez le four à 180 °C (th. 6).

❒ Émincez les blettes et plongez-les dans une grande casserole d'eau bouillante salée pendant 10 minutes. Égouttez-les et pressez-les.

❒ Épluchez et hachez l'oignon.

❒ Étalez la pâte dans un plat et garnissez-la avec les blettes, l'oignon, le parmesan et les noix. Salez, poivrez, arrosez d'huile d'olive et enfournez pour 20 minutes.

TOURTE AUX POIREAUX

POUR 4 PERSONNES • PRÉPARATION : 20 MIN • CUISSON : 40 MIN

1 rouleau de pâte feuilletée + 6 poireaux + 20 cl de crème de soja + 1 jaune d'œuf
1 cuil. à soupe d'huile + un peu pour le moule + 1 cuil. à soupe de persil haché
1 cuil. à café de thym + ¼ cuil. à café de noix de muscade râpée + 1 cuil. à café de sel
¼ cuil. à café de poivre

❒ Préchauffez le four à 200 °C (th. 6-7).

❒ Retirez la partie verte des poireaux et les racines. Nettoyez bien les poireaux et émincez-les finement.

❒ Chauffez l'huile dans une sauteuse sur feu moyen et faites-y revenir les poireaux avec le sel, le poivre, la noix de muscade et le thym pendant 10 minutes. Ils doivent être bien tendres. Ajoutez le persil haché et la crème.

❒ Versez la préparation dans un moule à tarte légèrement huilé. Déposez la pâte feuilletée sur le dessus et faites un petit trou au centre. Dorez la pâte de jaune d'œuf avec un pinceau. Enfournez et laissez cuire 30 minutes.

TARTE AUX LÉGUMES ANCIENS

POUR 6 PERSONNES • PRÉPARATION : 20 MIN • CUISSON : 40 MIN

1 pâte brisée + 1 carotte jaune + 1 carotte orange + 1 carotte violette + 1 panais + 1 petite patate douce + 15 cl de crème liquide + 2 œufs + 1 bouquet de persil plat + Beurre doux pour le moule + Sel, poivre

❒ Préchauffez le four à 200 °C (th. 6-7).

❒ Beurrez un moule à tarte. Foncez la pâte dans le moule et piquez le fond de tarte avec une fourchette. Faites-la cuire pendant 10 minutes.

❒ Lavez les légumes, pelez-les et coupez-les en très fines lamelles. Disposez-les sur le fond de tarte précuit en commençant par l'extérieur et en formant des cercles.

❒ Battez les œufs avec la crème, puis ajoutez le persil ciselé dans un saladier. Salez et poivrez, puis versez sur la tarte.

❒ Enfournez pour 30 minutes, puis dégustez la tarte tiède.

TARTE ÉTOILE AUX ÉPINARDS ET ROCAMADOUR

POUR 6 PERSONNES • PRÉPARATION : 20 MIN • CUISSON : 35 MIN

1 pâte brisée + 500 g d'épinards frais + 2 rocamadours + 5 cl de crème épaisse + 2 œufs + 1 jaune + 30 g de beurre doux + 1 bouquet de thym frais + un peu pour la décoration
1 cuil. à soupe de sésame + Sel, poivre

❒ Préchauffez le four à 200 °C (th. 6-7).

❒ Déroulez la pâte brisée sur une plaque à pâtisserie recouverte d'un papier sulfurisé. Découpez avec un couteau pointu la pâte en 8 parts égales en partant du centre.

❒ Lavez et essorez les épinards et enlevez les tiges. Chauffez une poêle avec le beurre. Faites cuire les épinards pendant 2 à 3 minutes à feu vif, salez et poivrez, puis égouttez-les.

❒ Battez dans un saladier les œufs et la crème, puis ajoutez le thym effeuillé et les épinards égouttés. Étalez cette préparation sur la pâte sans aller jusqu'aux extrémités.

❒ Coupez les rocamadours en quatre, disposez-les sur la préparation aux épinards, puis parsemez des graines de sésame. Repliez ensuite les extrémités de la pâte deux à deux afin de former une étoile.

❒ Dorez la pâte avec le jaune d'œuf à l'aide d'un pinceau, puis enfournez pour 30 minutes. Parsemez de thym frais et dégustez la tarte chaude ou tiède.

TARTE AUX ASPERGES VERTES ET PARMESAN

POUR 4 PERSONNES • PRÉPARATION : 10 MIN • CUISSON : 35 MIN

1 pâte brisée + 300 g d'asperges vertes (1 dizaine) + 20 cl de crème liquide
50 g de parmesan râpé + 3 œufs + Sel, poivre

❒ Préchauffer le fouz à 180 °C (th. 6).

❒ Rincez les asperges. Couper la base dure. Émincez-les à la mandoline ou au couteau. Faites-les cuire 5 minutes à la vapeur.

❒ Étalez la pâte avec le papier sulfurisé (si c'est une pâte maison, ajoutez une feuille de papier sulfurisé) dans un moule à tarte et piquez-la avec une fourchette. Couvrez de haricots secs ou de billes de cuisson et éventuellement repliez un peu les bords de la pâte vers l'extérieur du moule pour qu'ils ne s'affaissent pas à l'intérieur lors de la précuisson. Enfournez pour 5 minutes pour cuire à blanc.

❒ Dans un saladier, battez les œufs, le parmesan (gardez-en un peu pour saupoudrer sur la tarte) et la crème. Salez légèrement, poivrez. Versez ce mélange sur le fond de tarte et répartissez les asperges. Saupoudrez de parmesan. Enfournez pour 30 minutes environ (surveillez la cuisson pour que la tarte dore sans brûler). Servez chaud ou tiède avec une salade de jeunes pousses.

TOASTS DE PATATE DOUCE À L'AVOCAT ET ŒUFS SUR LE PLAT

POUR 4 PERSONNES • PRÉPARATION : 10 MIN • CUISSON : 20 MIN

2 patates douces moyennes + 2 avocats + 4 œufs frais + 1 cuil. à soupe d'huile d'olive
¼ cuil. à café de piment d'Espelette + ½ cuil. à café de fleur de sel

❐ Nettoyez et brossez bien les patates douces. Coupez des tranches de 1 cm d'épaisseur. Placez les tranches au grille-pain et laissez cuire 10 minutes à puissance maximale.

❐ Épluchez les avocats. Retirez les noyaux et coupez-les en morceaux épais.

❐ Faites chauffer ½ cuillerée à soupe d'huile d'olive dans une large poêle à fond épais sur feu moyen. Faites-y cuire les œufs pendant 10 minutes.

❐ Pendant ce temps, répartissez les tranches d'avocat sur les toasts de patate douce. Répartissez les toasts dans 4 assiettes et posez les œufs au plat dessus. Saupoudrez de fleur de sel, de piment d'Espelette et versez un filet d'huile d'olive. Servez immédiatement.

POLENTA TARAGNA ET BETTERAVES RÔTIES

POUR 4 PERSONNES • PRÉPARATION : 15 MIN • CUISSON : 40 MIN

150 g de polenta de maïs + 150 g de farine de sarrasin + 10 petites betteraves crues
4 cuil. à soupe d'huile d'olive + 2 cuil. à café de sel

- Préchauffez le four à 200 °C (th. 6-7).
- Épluchez les betteraves et coupez-les en six. Mettez-les dans un plat à gratin avec 2 cuillerées à soupe d'huile d'olive et 1 cuillerée à café de sel. Enfournez et laissez cuire 30 minutes. Les betteraves doivent être tendres à cœur.
- Pendant ce temps, dans une grande casserole, faites chauffer 75 cl d'eau avec le sel restant. Dès que l'eau frémit, versez en pluie la polenta de maïs et la farine de sarrasin, en remuant à l'aide d'un fouet pour éviter que des grumeaux ne se forment. Laissez cuire 10 minutes tout en mélangeant. En fin de cuisson, ajoutez 2 cuillerées à soupe d'huile d'olive.
- Servez immédiatement les betteraves rôties sur un lit de polenta taragna.

STEAK VÉGÉTAL, SAUCE CHIMICHURRI

POUR 6 STEAKS • PRÉPARATION : 15 MIN • CUISSON : 35 MIN

200 g de quinoa rouge + 300 à 350 g de betterave crue + 1 oignon + 10 noix de Grenoble
1 œuf + 2 cuil. à soupe d'huile d'olive + 1 cuil. à café de cumin en poudre + ¼ cuil. à café de piment d'Espelette + 1 cuil. à café de sel

Pour la sauce chimichurri : 10 cl d'huile d'olive + 1 bouquet de persil plat + ½ oignon
2 gousses d'ail + 2 cuil. à soupe de vinaigre de vin + 1 cuil. à café de fleur de sel
10 tours de moulin à poivre

❒ Rincez abondamment les graines de quinoa à l'eau froide. Dans une casserole, versez le quinoa et ajoutez 45 cl d'eau. Portez à ébullition, puis couvrez et faites cuire 15 minutes à feu doux. Retirez du feu et laissez gonfler à couvert les graines de quinoa 5 minutes.

❒ Préchauffez le four à 180 °C (th. 6).

❒ Pelez et râpez finement la betterave. Pelez et hachez l'oignon. Décoquillez les noix et coupez les cerneaux en petits morceaux. Battez l'œuf en omelette. Dans un saladier, versez tous les ingrédients et mélangez bien pour les amalgamer.

❒ Sur une plaque de cuisson recouverte de papier sulfurisé, façonnez 6 steaks (vous pouvez les mouler dans un moule à tartelette que vous retournerez sur la plaque ou utiliser un cercle à pâtisserie). Enfournez pour 20 minutes.

❒ Pendant ce temps, préparez la sauce chimichurri. Rincez et effeuillez le persil. Pelez l'oignon et les gousses d'ail. Dans le bol d'un mini-hachoir, placez le persil, l'ail et l'oignon et mixez. Versez dans un bol, ajoutez l'huile et le vinaigre, le sel et le poivre et remuez bien.

❒ Servez les steaks bien chauds accompagnés de sauce chimichurri et d'une salade fraîcheur de saison.

PAD THAÏ

POUR 1 PERSONNE • PRÉPARATION : 15 MIN • CUISSON : 10 MIN + CUISSON DES NOUILLES

80 g de nouilles de riz + 50 g de tofu ferme nature + 50 g de pousses de soja + 2 branches de ciboule (ou d'oignon nouveau) + 2 échalotes + 1 citron vert + 1 œuf + 2 cuil. à soupe de cacahuètes + 2 cuil. à soupe d'huile d'olive

Pour la sauce : 2 cuil. à soupe de tamari + 2 cuil. à soupe de vinaigre balsamique 2 cuil. à soupe de sucre de canne blond

❒ Portez une casserole d'eau à ébullition et faites cuire les nouilles de riz comme indiqué sur le paquet.

❒ Préparez la sauce en mélangeant tous les ingrédients.

❒ Coupez le tofu en cubes. Coupez les branches de ciboule en tronçons de 2 cm. Épluchez et émincez les échalotes. Prélevez le jus de la moitié du citron vert et coupez l'autre moitié en quartiers. Hachez les cacahuètes.

❒ Dans un wok, chauffez 1 cuillerée à soupe d'huile et faites-y sauter les cubes de tofu. Réservez. Versez dans le wok le restant d'huile et faites revenir les échalotes. Incorporez la sauce et caramélisez légèrement 2 à 3 minutes. Ajoutez les nouilles de riz et laissez-les cuire avec le jus. Puis, à l'aide d'une spatule, repoussez les pâtes sur le côté du wok et versez l'œuf sur l'espace libéré. Mélangez-le comme pour le brouiller et, avant qu'il ne soit trop cuit, incorporez-le aux pâtes afin qu'il les enrobe. Enfin, ajoutez le jus de citron, le tofu sauté et les cacahuètes. Mélangez et poursuivez la cuisson pendant 30 secondes.

❒ Retirez du feu, garnissez le pad thaï de pousses de soja et de ciboule, mélangez et servez bien chaud avec les quartiers de citron.

ORECCHIETTE AU CHOU ROMANESCO À LA CRÈME D'AIL ET DE CITRON

POUR 4 PERSONNES • PRÉPARATION : 20 MIN • CUISSON : 20 MIN

500 g d'orecchiette + 2 choux romanesco + 25 cl de crème liquide + 2 gousses d'ail
1 citron jaune + Parmesan râpé pour le service + 1 filet d'huile d'olive + Sel, poivre

❒ Séparez les fleurettes des choux romanesco et lavez-les. Faites-les cuire à la vapeur douce pendant 8 minutes. Réservez. Lavez le citron et, à l'aide d'une râpe, prélevez le zeste. Pelez et écrasez du plat du couteau les gousses d'ail.

❒ Dans une casserole, chauffez doucement la crème avec le zeste de citron et les gousses d'ail écrasées. Salez et poivrez. Couvrez et laissez infuser 10 minutes hors du feu. Filtrez.

❒ Faites cuire les pâtes dans un grand volume d'eau bouillante, le temps indiqué sur l'emballage. Égouttez-les et arrosez-les d'huile d'olive. Remettez les pâtes dans la casserole, ajoutez les fleurettes de chou et la crème filtrée. Mélangez et servez avec le parmesan râpé.

POTIRON CARAMÉLISÉ ET FIGUES VIOLETTES

POUR 4 PERSONNES • PRÉPARATION : 10 MIN • CUISSON : 10 MIN

1 tranche de potiron + 4 figues + 1 gros oignon + 5 brins de persil plat + 1 cuil. à soupe d'huile d'olive + 2 cuil. à soupe de cassonade + 1 pincée de cannelle en poudre + Sel, poivre

❐ Pelez le potiron et découpez sa chair en petits dés. Faites-les cuire 5 minutes à la vapeur. Égouttez et versez dans un plat. Rincez les figues, coupez-les en quartiers. Pelez et hachez l'oignon. Rincez et hachez le persil.

❐ Faites dorer l'oignon émincé dans une sauteuse avec l'huile d'olive et la cassonade. Salez et poivrez. Ajoutez les figues et la cannelle, laissez caraméliser 2 minutes.

❐ Versez l'oignon et les figues sur le potiron cuit, mélangez délicatement. Ajoutez le persil et servez aussitôt.

CURRY DE KEFTAS

POUR 4 PERSONNES • PRÉPARATION : 35 MIN • CUISSON : 50 MIN

Pour les keftas : 200 g de pommes de terre + 200 g de carottes + 100 g de petits pois 150 g de cottage cheese + 2 cuil. à soupe de farine + 2 œufs + ½ cuil. à café de garam masala + Huile pour friture + Sel

Pour la sauce : 1 oignon + 1 gousse d'ail + 1 cm de gingembre + 350 g de chair de tomates concassées en conserve + 2 cuil. à café de graines de coriandre + 1 cuil. à café de graines de cumin + 1 cuil. à café de curcuma + 1 yaourt bulgare + 1 cuil. à soupe de ghee ou, à défaut, de beurre + Sel

Pour servir : 25 g de noix de cajou non salées + Quelques feuilles de coriandre ciselées

❒ Égouttez le cottage cheese. Épluchez et rincez les pommes de terre et les carottes. Coupez-les en morceaux et faites-les cuire à l'eau pendant 20 minutes environ. Ajoutez les petits pois à mi-cuisson.

❒ Égouttez les légumes puis écrasez-les grossièrement avec une fourchette. Incorporez le cottage cheese, la farine, le garam masala, puis les œufs battus. Salez et mélangez bien l'ensemble.

❒ Préparez un bain de friture, prélevez à l'aide d'une cuillerée à soupe de petites quantités de pâte et faites-les frire pendant 15 minutes jusqu'à ce que les keftas soient bien dorés. Égouttez sur une assiette couverte de papier absorbant.

❒ Préparez la sauce : épluchez et hachez l'oignon, le gingembre et l'ail. Écrasez légèrement les graines de coriandre et de cumin dans un mortier. Torréfiez-les pendant 2 à 3 minutes dans une poêle avec le ghee. Ajoutez le gingembre, l'oignon et l'ail hachés. Faites revenir pendant 5 minutes, puis incorporez la chair de tomates et le curcuma, salez. Portez doucement à ébullition et laissez réduire pendant 5 minutes. Mixez pour obtenir une sauce lisse.

❒ Transvasez la sauce dans la poêle, incorporez le yaourt, portez à ébullition, puis ajoutez les keftas. Laissez réchauffer à feu très doux pendant quelques minutes, en remuant.

❒ Concassez les noix de cajou, faites-les griller dans une poêle sans matière grasse, puis servez le curry parsemé de coriandre ciselée et de noix de cajou grillées.

LASAGNES VÉGÉTALES AUX LÉGUMES D'ÉTÉ

POUR 6 PERSONNES • PRÉPARATION : 40 MIN • CUISSON : 1 H 05

12 à 16 feuilles de lasagnes sèches (sans œufs) + 800 g de tomates concassées en conserve
2 petites aubergines + 3 petites courgettes + 2 poivrons rouges + 4 gousses d'ail + 1 oignon
10 cl de vin rouge + 70 g de farine de blé T80 + 70 g de pain sec + 75 cl de lait de soja
15 cl d'huile d'olive + un peu pour le plat + ¼ cuil. à café de muscade en poudre
½ bouquet de persil + Sel, poivre

❐ Préchauffez le four à 180 °C (th. 6). Lavez et coupez tous les légumes en petits cubes de 1 cm. Déposez-les sur une lèchefrite. Arrosez de 3 cuillerées à soupe d'huile et saupoudrez de sel et de poivre. Enfournez pour 40 minutes en remuant régulièrement.

❐ Pendant ce temps, préparez la sauce tomate. Pelez et dégermez 2 gousses d'ail. Pelez l'oignon. Hachez ensemble ail et oignon. Dans une casserole, chauffez 1 cuillerée à soupe d'huile d'olive, versez le hachis d'ail et d'oignon et faites revenir 2 minutes. Ajoutez les tomates concassées avec une pincée de sel, quelques tours de moulin à poivre et le vin. Faites cuire 10 minutes à feu vif en remuant. Goûtez et rectifiez l'assaisonnement.

❐ Préparez la béchamel végétale. Dans une casserole, faites chauffer 5 cl d'huile d'olive. Ajoutez la farine et laissez cuire 1 minute en remuant au fouet. Versez doucement le lait de soja en mélangeant. Poursuivez la cuisson à feu moyen jusqu'à ébullition, en remuant. Ajoutez ½ cuillerée à café de sel et la muscade.

❐ Mélangez les légumes rôtis avec la sauce tomate. Préparez la chapelure persillée en mixant le pain sec, le persil effeuillé, 2 gousses d'ail pelées avec 2 cuillerées à soupe d'huile d'olive, du sel et du poivre.

❐ Huilez le plat à gratin. Disposez une couche de lasagne, répartissez la moitié de la sauce tomate aux légumes, nappez d'un tiers de béchamel. Répétez une fois l'opération. Couvrez d'une couche de lasagne et nappez du reste de béchamel. Saupoudrez de chapelure persillée. Enfournez pour 25 minutes, puis servez bien chaud à la sortie du four.

COUSCOUS AUX LÉGUMES

POUR 4 PERSONNES • PRÉPARATION : 40 MIN • CUISSON : 1 H

350 g de semoule de couscous + 400 g de pois chiches déjà cuits + ½ courge butternut
4 branches de céleri + 2 bulbes de fenouil + 4 carottes + 3 navets + 2 oignons jaunes
3 gousses d'ail + 2 cuil. à café de ras el-hanout + 1 cuil. à café de graines de cumin
2 bâtons de cannelle + 30 g de beurre + 4 cuil. à soupe d'huile d'olive + ½ cuil. à café de gros sel + 1 cuil. à café de sel

❐ Pelez la courge et coupez-la en morceaux. Lavez les branches de céleri et les fenouils. Pelez les carottes, les navets et les oignons. Taillez les carottes et les branches de céleri en tronçons. Retirez les premières côtes des fenouils et coupez les bulbes en deux. Coupez les navets en quatre. Émincez les oignons. Pelez, dégermez et écrasez les gousses d'ail.

❐ Dans une grande cocotte, faites revenir les légumes dans 2 cuillerées à soupe d'huile d'olive, pendant 5 minutes. Retirez-les à l'aide d'une écumoire et réservez. Ajoutez dans le fond de la cocotte 1 cuillerée à soupe d'huile d'olive et faites suer les oignons. Ajoutez le ras el-hanout, les graines de cumin, les gousses d'ail écrasées et les bâtons de cannelle. Remuez pendant 2 minutes. Remettez les légumes réservés et ajoutez 1 l d'eau et le gros sel. Portez à ébullition et poursuivez la cuisson à feu doux pendant 40 minutes environ, à couvert : les légumes doivent être fondants. Dix minutes avant la fin de la cuisson, ajoutez les pois chiches.

❐ Préparez la semoule. Dans une cocotte, portez à ébullition 50 cl d'eau additionnée de 1 cuillerée à café de sel et de 1 cuillerée à soupe d'huile d'olive. Versez la semoule en pluie, mélangez bien et couvrez. Laissez gonfler 5 minutes hors du feu. Égrenez la semoule à la fourchette avec le beurre coupé en petits morceaux.

❐ Servez les légumes dans le plat de cuisson et la semoule dans un plat creux. Proposez le bouillon à part.

LASAGNES DE BUTTERNUT AU PESTO DE ROQUETTE

POUR 6 PERSONNES • PRÉPARATION : 40 MIN • CUISSON : 45 MIN

12 feuilles de lasagne + 400 g environ de courge butternut (la partie non arrondie) 100 g de roquette + 3 gousses d'ail + ½ bouquet de persil plat + 1 l de lait + 85 g de farine T65 ou T80 + 75 g d'amandes + 70 g de beurre + 50 g de parmesan + Noix de muscade Gros sel + ½ cuil. à café de sel + Poivre

❐ Retirez la peau de la courge butternut. À l'aide d'une mandoline ou d'un couteau bien aiguisé, tranchez-la en fines rondelles.

❐ Lavez et séchez la roquette. Rincez, séchez et effeuillez le persil. Pelez et dégermez les gousses d'ail. Concassez au couteau un tiers des amandes. Râpez le parmesan. Préparez le pesto de roquette en hachant ensemble la roquette, le persil, l'ail et le restant d'amandes.

❐ Préparez la béchamel. Dans une casserole, faites fondre le beurre. Ajoutez la farine et laissez cuire 1 minute en remuant au fouet. Versez doucement le lait en mélangeant. Poursuivez la cuisson à feu moyen jusqu'à ébullition, en remuant. Salez et ajoutez à convenance le poivre et la muscade fraîchement râpée.

❐ Portez une grande casserole d'eau à ébullition avec du gros sel. Précuisez les feuilles de lasagne 2 minutes, puis égouttez-les sur un torchon propre. Renouvelez l'opération jusqu'à épuisement des feuilles.

❐ Préchauffez le four à 180 °C (th. 6).

❐ Dans un plat à gratin, déposez une fine couche de béchamel. Disposez une première couche de pâte (4 feuilles), nappez d'un tiers de béchamel, répartissez les tranches de butternut, saupoudrez d'un tiers de pesto de roquette. Réalisez de la même manière deux autres couches, saupoudrez de parmesan et d'amandes concassées, puis enfournez le plat de lasagnes pour 30 à 35 minutes. Servez bien chaud !

LÉGUMES AU CURRY VERT

POUR 4 PERSONNES • PRÉPARATION : 15 MIN • CUISSON : 20 MIN

1 aubergine + 1 courgette + 2 tomates + 1 patate douce + 3 cives + 1 cuil. à soupe d'huile d'olive + 1 cuil. à café de curry vert + 20 cl de lait de coco + Sel, poivre

❒ Rincez et coupez l'aubergine, la courgette et les tomates en dés. Pelez, lavez et coupez la patate douce en dés. Rincez et hachez les cives.

❒ Faites sauter les dés d'aubergine, de courgette, de patate douce et de tomate, ainsi que la moitié des cives hachées avec l'huile d'olive, en remuant, pendant 5 minutes. Ajoutez le curry vert et le lait de coco. Salez et poivrez. Laissez mijoter 15 minutes.

❒ Décorez avec le reste des cives et servez bien chaud.

CURRY DE NOUILLES SOBA

POUR 4 PERSONNES • PRÉPARATION : 15 MIN • CUISSON : 15 MIN

200 g de nouilles soba + 40 cl de lait de coco + 1 cube de bouillon de légumes + 1 petite carotte épluchée + ½ poivron rouge + 5 branches de coriandre effeuillées + 1 petit oignon finement haché + 1 gousse d'ail hachée + 2 cuil. à soupe d'huile + 1 cuil. à soupe de jus de citron + 1 cuil. à soupe de sauce soja + 1 cuil. à café de pâte de curry rouge + Sel

❒ Faites cuire les nouilles soba dans un grand volume d'eau bouillante salée pendant 1 minute. Égouttez-les puis passez-les sous l'eau froide, égouttez à nouveau. Ajoutez un filet d'huile, mélangez et réservez.

❒ Délayez le cube de bouillon de légumes dans 50 cl d'eau chaude. Chauffez 1 cuillerée d'huile dans une poêle ou un wok et faites-y revenir l'oignon et l'ail pendant 4 à 5 minutes. Délayez la pâte de curry rouge dans la poêle pendant 1 à 2 minutes. Versez le lait de coco, le bouillon et la sauce soja, mélangez jusqu'à ce que l'ensemble soit bien lisse, puis laissez mijoter pendant 5 minutes.

❒ Rincez et séchez, pendant ce temps, la carotte et le poivron. Détaillez-les en très fines lanières. Faites chauffer le restant d'huile dans une poêle et faites sauter les légumes à feu vif pendant 2 minutes, ils doivent rester croquants.

❒ Incorporez les légumes et les nouilles soba au bouillon, puis assaisonnez de jus de citron. Mélangez et servez immédiatement parsemé de coriandre.

CROQUETTES DE COURGETTE, EBLY®, SAUCE TOMATE, DÉS DE FROMAGE

POUR 4 PERSONNES • PRÉPARATION : 15 MIN • CUISSON : 20 MIN

1 courgette + 1 œuf + 1 cuil. à soupe de farine + 250 g de blé typé Ebly® + 3 tomates
80 g de mimolette + 1 gousse d'ail + 2 cuil. à soupe d'huile d'olive + Sel

- Faites cuire l'Ebly® dans de l'eau salée frémissante pendant 15 à 20 minutes.

- Lavez et épluchez la courgette, puis râpez-la et mettez-la dans un saladier. Ajoutez l'œuf, la farine, salez et mélangez. Faites chauffer une poêle avec 1 cuillerée à soupe d'huile d'olive. Réalisez les boulettes à l'aide d'une cuillère à soupe et mettez-les à cuire dans la poêle 5 minutes de chaque côté à feu doux.

- Mettez une seconde poêle à chauffer. Pendant qu'elle chauffe, lavez et épluchez les tomates, puis concassez-les. Ajoutez l'huile restante dans la poêle et jetez les tomates pour qu'elles fondent à feu doux. Hachez l'ail finement et ajoutez-le aux tomates.

- Coupez la mimolette en dés.

- Dressez les bols en commençant par l'Ebly®, puis versez la sauce tomate. Ajoutez ensuite les croquettes de courgette et enfin quelques dés de mimolette.

LÉGUMES NOUVEAUX AUX GRAINES DE CHIA

POUR 4 PERSONNES • PRÉPARATION : 25 MIN • CUISSON : 30-35 MIN

350 g de pommes de terre nouvelles + 300 g de courgettes + 250 g de carottes fanes 250 g de navets fanes + 4 petits oignons nouveaux + 2 gousses d'ail + 4 cuil. à café de graines de chia + 20 cl de lait de coco + 3 cuil. à café de cannelle + 3 cuil. à café de curcuma + 2 cuil. à café de graines de coriandre + 2 cuil. à café de graines de moutarde 2 cuil. à café de gingembre en poudre + 2 cuil. à soupe d'huile + 1 cube de bouillon de légumes + 1 feuille de laurier + Sel

❒ Épluchez et hachez l'ail, coupez les oignons nouveaux en quartiers. Épluchez les carottes, les navets et les courgettes en prélevant une bande sur deux. Rincez tous les légumes et séchez-les. Coupez les carottes en bâtonnets, les courgettes en rondelles, les pommes de terre en cubes et les navets en quartiers. Délayez le cube de bouillon de légumes dans 20 cl d'eau chaude. Concassez légèrement les grains de coriandre.

❒ Faites chauffer l'huile dans un wok ou une poêle, ajoutez les graines de moutarde et de coriandre, laissez-les torréfier pendant 2 minutes à feu doux, jusqu'à ce qu'elles commencent à dorer. Ajoutez le curcuma et la feuille de laurier, faites revenir le tout pendant 30 secondes. Ajoutez la cannelle et le gingembre, puis faites revenir pendant 30 secondes. Incorporez l'ail et les oignons et faites suer l'ensemble pendant 4 minutes.

❒ Ajoutez les légumes, puis le lait de coco et le bouillon, salez, couvrez et laissez cuire pendant 20 à 25 minutes jusqu'à ce que les légumes soient juste tendres.

❒ Hors du feu, parsemez de graines de chia avant de servir.

CANNELLONIS À LA RICOTTA

POUR 4 PERSONNES • PRÉPARATION : 25 MIN • CUISSON : 55 MIN

8 cannellonis précuits + 300 g d'épinards hachés + 3 brins de basilic + 1 gousse d'ail
250 g de ricotta + 60 g de gruyère râpé + 1 boîte de tomates pelées de 400 g
1 cuil. à soupe d'huile d'olive + Sel, poivre

❒ Pelez l'ail. Effeuillez et hachez le basilic. Faites chauffer l'huile d'olive dans une sauteuse. Ajoutez la gousse d'ail, laissez dorer 2 minutes, puis versez les tomates pelées préalablement concassées. Salez, poivrez et laissez réduire à feu moyen pendant 10 minutes. Ajoutez le basilic en fin de cuisson. Ôtez la gousse d'ail.

❒ Faites cuire les épinards dans une casserole avec un peu d'eau et de sel pendant 10 minutes environ en remuant. Égouttez-les s'il reste un peu d'eau, puis versez-les dans un saladier. Laissez tiédir, puis ajoutez la ricotta. Salez, poivrez et mélangez à la fourchette.

❒ Préchauffez le four à 150 °C (th. 5). Farcissez les cannellonis du mélange épinards-ricotta, puis rangez-les dans un plat à gratin. Nappez de sauce tomate et parsemez de fromage râpé. Enfournez pour 30 minutes et dégustez chaud.

PURÉE DE PETITS POIS, HARICOTS NOIRS, ŒUFS ET TOMATES

POUR 4 PERSONNES • TREMPAGE : 8 H • PRÉPARATION : 20 MIN • CUISSON : 1 H

600 g de petits pois + 200 g de haricots noirs + 2 œufs + 8 tomates + 1 échalote
1 cuil. à soupe de crème fraîche légère + ½ cuil. à café de sucre en poudre
Quelques gouttes de jus de citron + 2 brins d'estragon + 1 filet d'huile d'olive + Sel, poivre

❒ Faites tremper les haricots noirs pendant 8 heures dans un grand volume d'eau froide. Égouttez-les et faites-les cuire 1 heure dans trois fois leur volume d'eau froide non salée. Salez en fin de cuisson.

❒ Faites cuire les petits pois 15 minutes dans une casserole d'eau salée. Égouttez, mixez avec la crème fraîche et le citron, salez et poivrez.

❒ Pelez et hachez l'échalote. Lavez et concassez les tomates, versez dans une grande poêle bien chaude avec l'huile d'olive. Faites cuire 5 minutes en mélangeant avec une cuillère en bois. Salez et poivrez, ajoutez le sucre en poudre.

❒ Faites cuire les œufs dans l'eau bouillante pendant 8 minutes et passez-les sous l'eau froide avant de les écaler délicatement.

❒ Servez les différents ingrédients avec de l'estragon ciselé.

RISOTTO AUX FÈVES ET PETITS POIS

POUR 4 PERSONNES • PRÉPARATION : 20 MIN • CUISSON : 35 MIN • REPOS : 5 MIN

250 g de riz rond + 1 oignon + 5 brins de ciboulette + 100 g de petits pois surgelés
150 g de fèves surgelées + 2 cuil. à soupe de mascarpone + 50 g de parmesan entier
1 pincée de piment d'Espelette + 1 cuil. à soupe d'huile de tournesol + Sel, poivre

❒ Faites cuire les petits pois et les fèves 8 minutes à l'eau bouillante salée. Égouttez-les et passez-les sous l'eau froide pour les raffermir. Pelez les fèves.

❒ Pelez et émincez l'oignon. Faites chauffer l'huile dans une cocotte. Ajoutez l'oignon et le riz. Faites dorer pendant 5 minutes en remuant à feu doux. Salez, poivrez, puis mouillez avec 40 cl d'eau chaude. Couvrez et laissez mijoter 10 minutes.

❒ Ajoutez les fèves et les petits pois. Mélangez délicatement et poursuivez la cuisson pendant 10 minutes à feu doux. Rectifiez l'assaisonnement, ajoutez le piment d'Espelette et le mascarpone. Couvrez et laissez reposer 5 minutes.

❒ Rincez et séchez la ciboulette, puis hachez-la. Coupez le parmesan en fines lamelles. Répartissez le risotto dans 4 assiettes et décorez de ciboulette et de lamelles de parmesan.

RISOTTO AU FOUR CHAMPIGNONS-ÉPINARDS

POUR 4 PERSONNES • PRÉPARATION : 15 MIN • CUISSON : 50 MIN

300 g de riz arborio + 300 g de champignons de Paris + 60 g de pousses d'épinard 80 g de parmesan + 2 gousses d'ail + 10 cl de bouillon de légumes + 4 cuil. à soupe d'huile d'olive + ½ cuil. à café de sel + ½ cuil. à café de poivre

❐ Épluchez et émincez finement les champignons et les gousses d'ail. Préchauffez le four à 180 °C (th. 6).

❐ Dans une poêle à fond épais, faites chauffer 2 cuillerées à soupe d'huile d'olive. Faites-y revenir l'ail et les champignons sur feu moyen pendant 5 minutes.

❐ Dans un plat à gratin, placez le riz, le bouillon et les champignons poêlés. Mélangez bien et recouvrez le plat d'une feuille de papier aluminium. Enfournez et laissez cuire 40 minutes, jusqu'à ce que tout le bouillon soit absorbé.

❐ Sortez le plat du four et ajoutez les pousses d'épinard, le parmesan, l'huile d'olive restante, le sel et le poivre. Mélangez bien et replacez le plat au four 5 minutes.

❐ Servez immédiatement.

SPAGHETTIS DE COURGETTES AU BASILIC ET FETA

POUR 4 PERSONNES • PRÉPARATION : 15 MIN • CUISSON : 10 MIN

4 petites courgettes + 50 g de feta ou fromage de chèvre frais + 1 bouquet de basilic
1 gousse d'ail + 1 poignée d'amandes effilées + 1 cuil. à soupe d'huile d'olive + Fleur de sel
Poivre

❐ Lavez les courgettes et enlevez les extrémités.

❐ Réalisez les spaghettis en mettant la courgette dans le taille-légumes et en tournant.

❐ Pelez et hachez la gousse d'ail. Lavez le basilic et ciselez-le après avoir réservé quelques feuilles pour la décoration.

❐ Faites chauffer une poêle avec l'huile d'olive, ajoutez l'ail haché, le basilic ciselé, puis les spaghettis. Faites revenir pendant 5 minutes. Ajoutez la feta émiettée et faites de nouveau revenir 5 minutes.

❐ Parsemez d'amandes effilées. Assaisonnez et dégustez chaud.

BETTERAVE ET QUINOA ROUGE AU FROMAGE DE CHÈVRE

POUR 4 PERSONNES • PRÉPARATION : 15 MIN • CUISSON : 10 MIN

1 betterave cuite + 150 g de quinoa rouge + 200 g de fromage de chèvre frais
4 poignées de mâche + 2 cuil. à soupe d'huile d'olive + 1 cuil. à soupe de vinaigre balsamique
1 cuil. à café de graines de sésame + 5 brins de menthe + Sel, poivre

❒ Rincez le quinoa et faites-le cuire dans une fois et demie son volume d'eau bouillante salée pendant 8 minutes. Coupez le feu, couvrez et laissez gonfler pendant 5 minutes. Salez et poivrez.

❒ Pelez la betterave et coupez-la en rondelles. Saupoudrez de graines de sésame.

❒ Mélangez le fromage frais avec la menthe hachée.

❒ Rincez et triez la mâche. Mélangez le vinaigre balsamique, l'huile d'olive, salez et poivrez.

❒ Disposez les différents ingrédients dans des bols, arrosez betterave et mâche de vinaigrette.

RATATOUILLE, ORGE ET LEVURE DE BIÈRE

POUR 4 PERSONNES • PRÉPARATION : 20 MIN • CUISSON : 40 MIN

1 aubergine + 2 courgettes + 2 tomates + 300 g d'orge + 1 cuil. à soupe de levure de bière
4 cuil. à soupe d'huile d'olive + 1 cube de bouillon de légumes + 2 branches de thym + Sel

❐ Lavez les légumes et coupez-les en dés de même taille.

❐ Faites chauffer 2 cuillerées à soupe d'huile d'olive dans une grande casserole. Versez l'orge et faites rissoler 2 minutes. Versez 1 l d'eau bouillante et ajoutez le cube de bouillon, puis faites cuire à couvert pendant 40 minutes.

❐ Faites chauffer dans une grande poêle le reste d'huile d'olive, puis versez les légumes et le thym. Salez et faites cuire 20 minutes.

❐ Servez dans des bols la ratatouille, l'orge et parsemez de levure de bière.

CURRY D'AUBERGINE ET RIZ BASMATI

POUR 6 PERSONNES • PRÉPARATION : 20 MIN • CUISSON : 55 MIN

3 aubergines + 2 oignons + 3 gousses d'ail + ½ bouquet de coriandre + 50 g de cacahuètes (ou de noix de cajou) + 2 citrons verts + 1 ½ cuil. à soupe de pâte de curry + 1 tablette de bouillon de légumes + 40 cl de lait de coco + 450 g de riz basmati (blanc, demi-complet ou complet) + 2 cuil. à soupe d'huile d'olive + 1 filet pour les aubergines + Sel, poivre

❒ Préchauffez le four à 200 °C (th. 6-7). Rincez et coupez les aubergines en morceaux. Déposez les morceaux sur la lèchefrite du four. Arrosez d'un filet d'huile d'olive, salez, poivrez et enfournez pour 40 minutes.

❒ Épluchez et émincez les oignons. Épluchez, dégermez et écrasez les gousses d'ail du plat d'un couteau. Rincez et hachez au couteau la coriandre. Concassez grossièrement les cacahuètes. Coupez les citrons verts en quartiers.

❒ Dans une cocotte, faites revenir dans 2 cuillerées à soupe d'huile d'olive les oignons et l'ail pendant 3 minutes sans les colorer. Ajoutez la pâte de curry et poursuivez la cuisson 1 minute en mélangeant. Versez 50 cl d'eau et la tablette de bouillon, faites cuire à petits bouillons 15 minutes. Ajoutez le lait de coco et remuez. Enfin, rajoutez les morceaux d'aubergine rôtie, mélangez délicatement et faites cuire à frémissement 15 minutes. Goûtez et rectifiez l'assaisonnement.

❒ Pendant ce temps, faites cuire le riz dans deux fois son volume d'eau salée jusqu'à absorption du liquide de cuisson.

❒ Servez le curry d'aubergine dans le plat de cuisson. Accompagnez-le de riz basmati, de quartiers de citron vert, de coriandre hachée et de cacahuètes concassées.

PAILLASSONS DE POMMES DE TERRE, PICKLES DE CAROTTES ET RADIS

POUR 4 PERSONNES • PRÉPARATION : 20 MIN • CUISSON : 30 MIN • REPOS : 15 MIN

800 g de pommes de terre fermes + 2 carottes + 10 radis + 4 cuil. à soupe de vinaigre
1 cuil. à soupe d'huile + 2 cuil. à café de sel + ½ cuil. à café de poivre

❒ Préchauffez le four à 180 °C (th. 6).

❒ Épluchez et râpez finement les pommes de terre. Placez-les dans un linge et pressez afin d'extraire le maximum de jus. Dans un saladier, assaisonnez les pommes de terre avec 1 cuillerée à café de sel et le poivre.

❒ Huilez de petits moules à tartelettes ou à muffins. Placez 1 cuillerée à café bombée de pomme de terre râpée en faisant remonter le mélange sur les bords afin de former des nids. Badigeonnez chaque nid avec l'huile à l'aide d'un pinceau.

❒ Enfournez pour 30 minutes environ, jusqu'à ce que les nids de pomme de terre soient bien cuits et croustillants à l'extérieur.

❒ Pendant ce temps, préparez les pickles. Pelez les carottes et râpez-les avec les radis. Dans un grand bol, mélangez les carottes, les radis, le vinaigre et 1 cuillerée à café de sel.

❒ Sortez les paillassons de pomme de terre du four et démoulez-les afin qu'ils refroidissent un peu. Garnissez-les de pickles express et servez aussitôt.

ROQUEFORT, ÉPEAUTRE, NOISETTES, ENDIVES

POUR 4 PERSONNES • PRÉPARATION : 10 MIN • CUISSON : 1 H 10

120 g de roquefort + 150 g d'épeautre + 70 g de noisettes + 2 endives + 2 cuil. à soupe d'huile de noix + Le jus de ½ citron + Sel, poivre

❐ Rincez l'épeautre et faites-le cuire pendant 1 heure dans deux fois son volume d'eau salée. Puis, hors du feu, couvrez et laissez gonfler 10 minutes.

❐ Lavez et émincez finement les endives, puis coupez le roquefort en dés.

❐ Disposez dans chaque bol l'épeautre, puis les endives et le roquefort et parsemez de noisettes concassées.

❐ Préparez la vinaigrette en mélangeant l'huile de noix, le jus de citron, le sel et le poivre et versez sur les endives.

GRATIN DE POMMES DE TERRE À LA FLORENTINE

POUR 4 PERSONNES • PRÉPARATION : 25 MIN • CUISSON : 45 MIN

800 g de pommes de terre à chair fondante + 400 g d'épinards hachés + 4 gros œufs 4 cuil. à soupe de crème fraîche épaisse + 60 g de gruyère râpé + 1 pincée de muscade râpée + Sel, poivre

❒ Faites cuire les pommes de terre 20 minutes à l'eau bouillante salée. Égouttez-les, pelez-les et écrasez-les grossièrement à la fourchette. Salez et poivrez.

❒ Faites décongeler les épinards pendant 5 minutes au four à micro-ondes avec 2 cuillerées à soupe d'eau. Salez, poivrez et ajoutez la muscade.

❒ Préchauffez le four à 180 °C (th. 6). Mettez les pommes de terre dans un plat à gratin. Ajoutez les épinards et mélangez succinctement. Faites 4 creux dans le mélange et cassez-y les œufs.

❒ Nappez de crème fraîche et saupoudrez de fromage râpé. Faites cuire 20 minutes au four. Servez chaud.

MOUSSAKA

POUR 4 PERSONNES • PRÉPARATION : 25 MIN • CUISSON : 1 H 15

700 g d'aubergines (2 aubergines environ) + 300 g de sauce tomate cuisinée + 300 g de lentilles vertes + 50 cl de lait de soja + 3 cuil. à soupe d'huile d'olive + 1 cuil. à soupe de persil haché + 1 cuil. à café de cumin + 2 cuil. à soupe de farine de blé complète 2 cuil. à soupe de levure maltée + ½ cuil. à café de noix de muscade râpée + Sel

❒ Préchauffez le four à 200 °C (th. 6-7). Chemisez de papier sulfurisé une plaque à pâtisserie, puis huilez le papier au pinceau. Découpez les aubergines en tranches de 1 cm d'épaisseur, puis déposez-les sur le papier huilé. Huilez légèrement au pinceau l'autre face des aubergines. Salez et enfournez pour 20 minutes.

❒ Pendant ce temps, faites cuire, dans une grande casserole d'eau salée, les lentilles vertes pendant 25 minutes. Égouttez, incorporez le cumin et le persil haché. Réservez.

❒ Préparez la béchamel, en faisant chauffer 2 cuillerées à soupe d'huile d'olive dans une casserole sur feu moyen. Ajoutez en pluie la farine de blé complète et mélangez bien à l'aide d'un fouet. Laissez cuire 2 minutes. Versez en une fois le lait de soja et fouettez bien pour amalgamer les ingrédients. Laissez cuire 10 minutes environ jusqu'à ce que la béchamel épaississe. Assaisonnez avec la levure maltée, 1 cuillerée à café de sel et la noix de muscade.

❒ Tapissez le fond d'un plat à gratin huilé avec la moitié des tranches d'aubergine. Couvrez avec les lentilles au cumin. Versez la moitié de la béchamel. Disposez par-dessus les tranches d'aubergine restantes. Recouvrez de sauce tomate, puis terminez avec le reste de béchamel. Enfournez et laissez cuire 30 minutes. Servez chaud avec une salade verte croquante.

PETITS FARCIS À LA FETA

POUR 4 PERSONNES • PRÉPARATION : 50 MIN • REPOS : 1 H • CUISSON : 1 H

4 courgettes boule + 4 oignons rouges + 4 gros champignons de Paris + 400 g de feta
6 branches de menthe + 6 branches de persil + 2 branches de thym frais + 60 g de graines de tournesol + 60 g de raisins secs + 3 cuil. à soupe d'huile d'olive
1 cuil. à café de coriandre en poudre (facultatif) + Poivre

❒ Lavez les courgettes. Plongez les courgettes et les oignons sans les éplucher dans une casserole d'eau bouillante et laissez-les cuire 15 minutes. Égouttez-les, passez-les sous l'eau froide et laissez-les refroidir.

❒ Préchauffez le four à 180 °C (th. 6).

❒ Rincez, effeuillez et hachez la menthe et le persil. Effeuillez le thym. Nettoyez les champignons et retirez le pied.

❒ Coupez légèrement la base des courgettes et des oignons pour qu'ils tiennent droit dans le plat. Coupez un chapeau sur le dessus et creusez chaque légume en récupérant la chair. Hachez la moitié de la chair des oignons avec celle des courgettes et avec les pieds de champignon.

❒ Dans un saladier, écrasez à la fourchette la feta, ajoutez la chair des légumes, les herbes, les graines de tournesol, les raisins secs, la coriandre et 1 cuillerée à soupe d'huile. Poivrez.

❒ Répartissez la farce dans les légumes creusés et déposez-les dans un plat à gratin. Arrosez du restant d'huile d'olive, déposez les chapeaux dans le plat et enfournez pour 25 minutes.

❒ Servez dès la sortie du four dans le plat de cuisson.

LENTILLES AU MASSALA

POUR 4 PERSONNES • PRÉPARATION : 20 MIN • CUISSON : 1 H

150 g de lentilles blondes + 150 g de riz + 1 carotte + 1 petite aubergine + 2 tomates
1 oignon + 1 gousse d'ail + 1 cuil. à café de massala + 2 cuil. à soupe d'huile d'olive
Sel, poivre

❒ Pelez et émincez l'oignon et l'ail. Lavez les tomates et l'aubergine, puis coupez-les en très petits dés. Pelez la carotte, lavez-la et coupez-la en rondelles.

❒ Versez l'huile dans une cocotte. Ajoutez l'oignon, l'ail et les dés d'aubergine. Laissez dorer 5 minutes à feu doux en remuant. Ajoutez ensuite les rondelles de carotte, les dés de tomate et les lentilles. Poivrez et ajoutez le massala. Couvrez d'eau et laissez mijoter pendant 40 minutes à feu très doux. Salez à mi-cuisson.

❒ Faites cuire le riz à l'eau ou dans un rice-cooker pendant 18 minutes, puis gardez-le au chaud.

❒ Rectifiez l'assaisonnement des lentilles. Servez-les très chaudes avec le riz.

TAJINE EXPRESS D'AUBERGINE ET DE HARICOTS BLANCS

POUR 4 PERSONNES • PRÉPARATION : 25 MIN • CUISSON : 45 MIN

1 boîte de haricots blancs de 800 g + 1 aubergine + 1 oignon + 1 gousse d'ail 2 tomates + 30 g de raisins secs + 1 pincée de graines de cumin + 1 pincée de cannelle + 2 cuil. à soupe d'huile d'olive + Sel, poivre

❒ Égouttez et rincez les haricots. Lavez l'aubergine et les tomates, puis coupez-les en très petits dés. Pelez et émincez l'ail et l'oignon.

❒ Faites chauffer l'huile dans une cocotte ou un plat spécial à tajine. Ajoutez l'ail et l'oignon, et laissez dorer 5 minutes en remuant.

❒ Ajoutez les dés de tomate et d'aubergine, ainsi que les raisins. Salez, poivrez, assaisonnez de cumin et de cannelle. Remuez et laissez mijoter à feu doux pendant 15 minutes.

❒ Versez les haricots, laissez mijoter encore 5 minutes et servez bien chaud.

ENCHILADAS AUX HARICOTS BLANCS

POUR 4 PERSONNES • PRÉPARATION : 30 MIN • CUISSON : 45 MIN

10 tortillas de maïs + 400 g de haricots blancs cuits + 400 g de tomates concassées en conserve + 250 g de cheddar râpé + 1 gros oignon rouge + 2 gousses d'ail 30 g de piments jalapeños finement hachés + 25 cl de bouillon de légumes + 2 cuil. à soupe d'huile d'olive + un peu pour le plat + 1 cuil. à soupe de concentré de tomates

❒ Préchauffez le four à 180 °C (th. 6).

❒ Pelez et émincez finement l'oignon et les gousses d'ail. Chauffez l'huile dans une grande poêle sur feu moyen et faites revenir l'oignon et l'ail en remuant sans cesse pendant 5 minutes. L'oignon doit être tendre. Ajoutez le concentré de tomates, les piments, les tomates concassées, le bouillon et les haricots blancs, puis portez à ébullition. Réduisez le feu et laissez mijoter pendant 15 minutes afin que la sauce réduise un peu.

❒ Préparez les tortillas. Trempez-les une à une dans la sauce tomate, puis étalez-les sur le plan de travail. Garnissez avec les haricots blancs et la moitié du fromage, puis roulez les tortillas pour enfermer la garniture. Placez-les ensuite dans un plat à gratin légèrement graissé.

❒ Nappez de sauce tomate et de cheddar râpé. Enfournez et laissez cuire 15 minutes. Conservez dans un récipient hermétique et dégustez avec une salade verte.

MÉDAILLONS DE POLENTA AUX HERBES, POÊLÉE DE CHAMPIGNONS

POUR 4 PERSONNES • PRÉPARATION : 25 MIN • CUISSON : 35 MIN • REPOS : 30 MIN

250 g de polenta de maïs + 1 cuil. à soupe de persil haché + 1 cuil. à soupe de basilic haché 400 g de champignons de Paris + 3 cuil. à soupe de levure maltée + 3 cuil. à soupe d'huile d'olive + 1 ½ cuil. à café de sel

❒ Portez à ébullition 90 cl d'eau avec 1 cuillerée à café de sel et versez en pluie la polenta et la levure. Mélangez bien pour éviter la formation de grumeaux et laissez cuire sur feu moyen pendant 8 minutes. Incorporez le persil et le basilic. Étalez la polenta en une couche uniforme sur une plaque. Laissez refroidir et figer pendant 30 minutes puis, à l'aide d'un emporte-pièce, découpez des galettes de polenta.

❒ Pendant ce temps, nettoyez et émincez les champignons. Chauffez 1 cuillerée à soupe d'huile d'olive dans une poêle et faites revenir les champignons pendant 10 minutes sur feu moyen. Assaisonnez avec ½ cuillerée à café de sel. Réservez au chaud.

❒ Faites chauffer 2 cuillerées à soupe d'huile d'olive dans une large poêle sur feu vif. Faites-y dorer les galettes de polenta aux herbes, 5 minutes de chaque côté. Servez avec les champignons poêlés. Les galettes de polenta aux herbes se réchauffent très bien.

INDEX

RECETTES :

Élizabeth et Valéry Guedes : p. 24, 38, 84, 100, 171 ; **Valéry Guedes :** p. 36, 134, 138, 140 ; **Stéphanie Jouan :** p. 142 ; **Dorian Nieto :** p. 15, 30, 32, 60, 61, 92, 94, 98 ; **Julie Soucail :** p. 152, 161, 164 ; **Judith Samama-Patte - Cécile Espinasse - Sandrine Bridoux :** p. 4, 6 ; **Marion Beilin :** p. 109 ; **Thierry Roussillon :** p. 33, 62, 64, 66, 67 ; **Zoé Armbruster :** p. 20, 40, 68, 69, 70 ; **Sylvie Girard-Lagorce :** p. 12, 34 ; **Ann Vianney :** p. 42 ; **Émilie Laraison :** p. 162, 167, 172, 173, 178 ; **Véronique Liégeois :** p. 26, 27, 120, 151, 160 166, 168, 179, 184, 185 ; **Vincent Amiel :** p. 39, 88, 90, 91, 108, 128, 129, 132, 133, 136 ; **Alice Greetham :** p. 75, 85, 110 ; **Céline Mennetrier :** p. 8, 10, 14, 16, 22, 29, 44 , 46, 47, 48, 50, 52, 53, 54, 56, 58, 74, 76, 78, 80, 96, 102, 112 ; 116, 122, 126, 130, 146, 148, 150, 154, 156, 158, 174, 182 ; **Céline de Cérou :** p. 18, 21, 28, 72, 82, 86, 99, 104, 106, 114, 118, 124, 137, 144, 145, 170, 176, 180, 186, 188

PHOTOGRAPHIES ET STYLISME :

Élizabeth et Valéry Guedes : p. 24, 38, 84, 100, 171 ; **Valéry Guedes :** p. 8, 10, 14, 26, 29, 36, 27, 46, 47, 48, 50, 52, 53,54, 56, 58, 102, 122, 130, 134, 138, 140, 150, 158, 166, 168, 179, 184, 185 ; **Stéphanie Jouan :** p. 142 ; **Dorian Nieto :** p. 15, 30, 32, 60, 61, 92, 94, 98 ; **Atelier Mai 98-Ahne Ferreira / Julie Soucail :** p. 152, 161, 164 ; **Amandine Honegger / Sylvie Rost :** p. 4, 6, 16, 22, 33, 44, 62, 64, 66, 67, 74, 76, 78, 80, 96, 109, 112, 116, 120, 126, 146, 148, 151, 154, 156, 160, 174, 182 ; **Blaise Gargadennec / Zoé Armbruster :** p. 20, 40, 68, 69, 70 ; **Martin Balme / Lucie Dauchy :** p. 12, 34 ; **François Bertram / Ann Vianey :** p. 42 ; **Émilie Laraison :** p. 162, 167, 172, 173, 178 ; **Claire Payen / Vincent Amiel :** p. 39, 88, 90, 91, 108, 128, 129, 132, 133, 136 ; **Julie Bienvenot :** p. 75, p. 85, 110 ; **Céline de Cérou :** p. 18, 21, 28, 72, 82, 86, 99, 104, 106, 114, 118, 124, 137, 144, 145, 170, 176, 180, 186, 188

Directeur éditorial : **Didier Férat**
Édition : **Émeline Gontier**
Graphisme & conception : **Julia Philipps**
Fabrication : **Laurence Duboscq**
Photogravure : **Nord Compo**

92 avenue de France, 75013 Paris

FSC www.fsc.org MIXTE Papier issu de sources responsables FSC® C003309

L'éditeur de cet ouvrage s'engage pour la préservation de l'environnement et utilise uniquement du papier certifié FSC©, issu de forêts gérées de manière responsable.

ISBN : 978-2-263-16983-0
Code éditeur : L16983
Dépôt légal : janvier 2020
Imprimé en Espagne par Macrolibros